経済学は悲しみを分かち合うために

経済学は悲しみを分かち合うために

私の原点

神野直彦
Naohiko Jinno

岩波書店

目次

第1章の扉写真を除く、本書内の写真はすべて著者による提供

序章

自分の「生」と「思想」に向き合う

第56回町村議会議長全国大会で講演する著者（2012年11月）

夜遅く帰宅すると、「お母さんが待っているわよ」と妻の和子が、私に声をかける。母の居室に行くと、薄明りの電灯の下で、九三歳になった母が炬燵《こたつ》にうずくまるように座っている。母の小さき後ろ姿に改めて驚きながら、私が声をかけると、母は振り向き微笑む。

幼き頃の私は、母の優しき笑顔に早く会いたくて、帰宅を急いだ。母に頭を撫でられると、ただそれだけで幸福だった。その頃の懐かしき想いに駆られて、白髪が目立つ母の髪を心を込めて撫でてみた。母は嬉しそうに、幸せがこぼれんばかりの満面の笑みを浮かべたのである。

人間は「ある」ものではなく、「なる」ものである。人間は他者と触れ合いながら、人間になっていく。私は父母や家族にとどまらず、周囲の心優しき人々から惜しみない愛情を降り注がれて育った。親戚の叔父や叔母、駄菓子屋の夫婦、駐在所の巡査など、私を愛してくれた人々を列挙すれば切りがない。そのため私は、愛する者と離れることを、極度に恐怖する「寂しがり屋」となってしまったのである。

仏教では人間の苦しみを、「四苦八苦」と説いている。四苦とは生苦、老苦、病苦、死苦の四つであり、八苦にはさらに愛別離苦《あいべつりく》、怨憎会苦《おんぞうえく》、求不得苦《ぐふとくく》、五蘊盛苦《ごうんじょうく》の四つの苦しみが加わる。しかし、「寂しがり屋」の私からすれば、人間にとって最も根源的苦悩は、八苦のうちの「愛別離苦」だということになる。

もちろん、「愛別離苦」とは愛する者と別れる苦しみである。確かに、「四苦」の一つである「死苦」のほうが、人間にとって根源的な恐怖であるように思えるかもしれない。しかし、自分一人だけが三〇〇〇年も四〇〇〇年も生きている状況を考えてみるがよい。「生」を共にし、愛する者がいない状況で、自分一人で生きていく苦悩に人間は耐えられないはずである。というよりも、死が苦しみなのは、愛する者が存在しないことへの恐怖だといってよい。

しかし、「生」の時を刻むにつれ、私は自分一人だけが「寂しがり屋」なのではないのではないかと思うようになった。私が経済学という社会科学を学ぶことを志したのは、そもそも人間は「寂しがり屋」なのではないかと思い始めたからだといってもいいすぎではない。

真夜中の高速道路をドライブすると、不思議な経験をする。それは真夜中なので走る車両が少なく、疎《まば》らに走ればよいものを、車両が必ず集団を形成して、肌を寄せ合うように走る光景に出会うからである。こうした光景は、人間が「寂しがり屋」で「絆」を求めて生きていくことを象徴しているように思えてならない。

この真夜中の孤独から抜け出そうとするような高速道路の光景に、私が気づいたのは、妻の母が亡くなった夜のことである。この時、妻はまだ三〇歳になったばかりの若さであった。その夜、妻は入院をしていた母の看病を姉と交替し、夜遅く帰宅した。ところが、帰宅するや否や、母の異変を知らせる姉からの電話が鳴り響いたのである。

ただちに私は妻を車に乗せ、押し寄せる不吉な暗黒の中を、妻の母の入院する病院へと急いだ。闇の重さに耐えるように、妻は私の隣で沈黙を守っていた。その妻が私に、「帰り際に母が天井を見つめて、和子ありがとうと言ったの」と、頬から涙が落ちるようにぽつりと口を開いた。

いまかいまかと待ち焦がれていた妻は、車が病院に着くや、母の病室へと駆け込んだ。しかし、時遅く、母は永遠の眠りについていた。妻は母の亡骸に縋《すが》りつき、激しく慟哭した。暫らくすると妻は、私の存在に初めて気がついたかのように振り返り、私に身を委ねて嗚咽《おえつ》した。妻が失った愛を埋めることができないことを知りながらも、私は妻の悲しみを「分かち合う」ことができるように神に祈ったのである。

人間は優しさを与え合い、悲しみを「分かち合い」ながら生きていく。悲しみを「分かち合う」と、悲しみに暮れている人だけではなく、悲しみを分かち合った人々をも幸福にする。人間が幸福を実感できるのは、自己が他者にとって必要不可欠な存在だと実感した時だからである。

妻の母との永遠の別離の悲しみを「分かち合う」ことで、私は妻にとって、かけがえのない必要不可欠な存在だと実感しようとした。というより、私は妻にとってかけがえのない存在にならなければならないと決意したのである。

生と死の過酷な現実に遭遇すると、人間は優しさを与え合い、悲しみを「分かち合い」ながら生きているという真理を実感する。妻の母の病院へと向かう絶望のドライブでも、真夜中の暗黒を和らげるように、通り過ぎる街の灯りが、優しく路を照らしてくれる。高速道路を走れば、まるで悲しみを「分かち合い」、優しさを与え合おうとするかのように、車が集まってくる。交通量の少ない真夜中の高速道路でも、車が寄り添うように走るのは、人間が「絆」を求めて生きていることを象徴しているような気がしてならない。

人間は自己の意志とは無関係に、この世に生を授けられ、自己の意志とは無関係に、この世を去っていく。人間の「生」は孤独に始まり、孤独に終る。そのため人間は、「生」ある限り、絆を求め、「生」を共にしようとする。こうした人間の「生」への確信が、私を社会科学の研究へと走らせたといってもよい。

社会(society)とはラテン語の仲間という意味の societas に語源がある。孤独に始まり、孤独に終る「生」を生きていく「寂しがり屋」の人間は、「生」を共にする仲間を求め、社会を形成して生きる。「寂しがり屋」の人間にとって、仲間を形成することは、誰もが誰もに対して不幸にならないことを願い合っているという確信を、形成していくことにほかならないのである。

社会科学は事実認識に徹するべきで、価値判断から自由でなければならないと、没価値性を主張したのは、マックス・ウェーバー(Max Weber)である。マックス・ウェーバーはこの没価値性を、一九世紀の後半に、ドイツで形成された新歴史学派への批判として唱えている。

私の専攻する財政学は新歴史学派の形成とともに誕生している。財政学は一九世紀後半にドイツで、アドルフ・ワグナー(Adolf Wagner)、シュタイン(Lorenz von Stein)、シェフレ(Albert E. Schäffle)という三巨星によって大成される。彼らによって大成されていく財政学を一つの軸にして、シュモラー(Gustav von Schmoller)やブレンターノ(Lujo Brentano)が加わり、新歴史学派が形成されることになる。したがって、存在(Sein)と当為(Sollen)は峻別されなければならず、社会科学は価値判断に手を貸してはならないというウェーバーの批判は、財政学に向けられていたといってもいいすぎではないのである。

とはいえ、事実と価値判断を弁別し、社会科学は事実認識に純化すべきだという主張自体も、一つの価値判断であることは間違いない。自然科学と相違して、観察者自身も観察対象であるという性格の濃厚な社会科学では、価値判断の問題が宿命的に問い返されることになる。

自己の存在と自己の生きている状況を理解しようと、財政学の森を徜徉《しょうよう》するうちに、私は社会科学では、研究者は茫漠としてではあれ、自己の人間観なり、社会観なりを選び取らざるをえないのではないかと考えるようになった。というよりも、研究者が自己の自由な選択で、自己の人間観を選び取るからこそ、研究者は自己の学問に対する歴史的責任を引き受けなければならないのだと自覚するにいたったのである。

財政学の学びを通じて、私が形成した人間観は、人間とは悲しみを「分かち合い」、優しさを「与え合い」ながら生きていくものだという人間観である。そうした人間観の選択に間違いがなかったことを、ドイツ財政学の手解きを授けていただいた佐藤進先生の生命を懸けた教えによって、私は確信することになる。

佐藤進先生は一九九八(平成一〇)年三月一日、季節はずれの春の雪が舞い散る「雪の朝《あした》」にこの世を去られた。奥様の美智子夫人は二カ月間、不眠続きで先生の死との壮絶な戦いを演じられた。しかし、先生が他界された時に奥様は、筆舌に尽くし難い看病を振り返り、「つらくはなかった。むしろ人生において至福の時であった」と静かに私につぶやかれたのである。

その年の夏に奥様から私に、佐藤先生の北軽井沢の別荘から連絡が入った。それは一年前の夏に佐藤先生が、北軽井沢の別荘を去るに際し、死を覚悟して綴られた「東京に戻る日——平成九年八月二

○日」と題された、遺書めいた一文が残されていたとの連絡であった。

この一九九七(平成九)年八月二〇日に、私たち夫婦も先生の別荘に寄せていただいた。その時のことを佐藤先生は、「大学での私の後継者夫妻は、町のお祭りの日に交通渋滞で遅れながら、風呂に入り、花火をみて、深夜遅く帰っていった」と綴った上で、次のように語られている。

人々のやさしさと愛につつまれた至福の時間、その時間ももうずっと前のようだ。またもう繰り返されることはないだろう。

来年もまたここへ来られるだろうか。それは難しい。虫のよい注文。最後の見納めに家の回《ママ》りをめぐる。

石に腰をかけて我が家をみながら、ふと涙が流れてくる自分を叱責する。

来年こられるかどうかわからないまま、山小屋の増築プランを妻がねっているのを悦んでいる私。

私がこられなくなっても、ここを訪ねてきてくれよ、私の友人達。

妻を元気づけてやってくれよ。私の友人達。

私にとっては生と死は同じものの裏表。悲しくもつらくもない。大きな、いや少人数の人々のささやかなそれでもよい。愛につつまれて生きるほど幸せなものはない。

愛につつまれて死ぬほど幸せなことはない。

佐藤進先生(中央)を北軽井沢の別荘に訪ねて．佐藤先生の右隣は美智子夫人，右端は著者の妻・和子(1997年8月)

この一文で佐藤先生は、「愛とやさしさに越える意義をもつものはない」と断じている。先生が財政学を渉猟して辿《たど》りついた価値観は、「愛とやさしさ」にある。しかも、佐藤先生は「私の生命と希望《のぞみ》、こころざしが若き友人によって受けつがれていくことを願う」と言い遺されていたのである。

私は佐藤先生の後継者として、人間は悲しみを「分かち合い」ながら生きていく存在だという人間観に立ち、「愛とやさしさ」を財政学で語る使命がある。それが先生の「希望」だからである。

本書は私の研究してきた経済学を経糸に、私の歩んだ「生」を緯糸にして、私の「思想」を錦として織り上げることを企図している。私の研究してきた経済学とは財政学である。というよりも、佐藤進先生が受け継いだ大内兵衛先生を始祖とする東京大学の伝統的な財政学である。それはメイン・ストリームの経済学に異議を申し立てる異端の経済学だといってよい。

私はそういう異端の経済学を、自分の「生」と結びつけながら学んできた。つまり、自分の研究する経済学を手掛かりに、自分がいかに生きるべきかを模索し苦悶してきた。逆に自分の「生」からの学びによって、自分の研究する経済学へ応答を投げかける過程でもあった。そうした「学問」と「生」との相互作用によって、私の「思想」が形成されていったといってよい。

私のような名もなき凡人が、自分の「思想」や自分の「生」について語ることなぞ、おこがましいことは重々承知している。そもそも私が自分の「思想」や「生」について語ったところで、どのような意味があるのかすら、自分自身でも理解することは不可能である。

自分の「生」にどのような意義があるかを悩んできた私にとって、他者との出会いは自分の未熟さを自覚することと同じであった。私の畏敬する偉大な経済学者、宇沢弘文先生と出会ってからは、私はどうしたら宇沢先生に誉めてもらえるのかと考えて生きてきたといってもよい。

二〇〇二(平成一五)年に、私の著書『地域再生の経済学——豊かさを問い直す』(中公新書、二〇〇二年)に、石橋湛山賞が授与された。私に石橋湛山賞が授与されたことを、宇沢先生は殊のほか喜ばれ、石橋湛山記念財団の機関誌『自由思想』二〇〇三年一二月号に、「リベラリズムの立場に立った真の意味における経済学者——神野直彦氏の人と業績」という論考を寄せてくださった。

宇沢先生はこの論考を、次のような言葉をもって始められている。

このたび、神野直彦君の『地域再生の経済学』が石橋湛山賞を授与された。石橋湛山賞は、戦前から戦後にかけて常にリベラリズムの立場に立って日本の言論を主導した石橋湛山の功績を思い、その思想を継承し、公正、妥当な言論の育成、発展に寄与した論攷《ろんこう》に与えられる、わが国でもっとも栄誉ある賞の一つである。今回の受賞は、この石橋湛山賞の創設の志にもっともふさわしいものであり、また、現在の日本の救いようのない、暗い閉塞感に一抹の明るい光を投げかけるものでもある。神野君がこの栄誉を受けられたことを心からお祝いするとともに、審査委員会の方々の見識と勇気に大きな拍手、喝采をおくり、同時に心からの感謝の気持ちを表したい。

一見すると、宇沢先生の論考は、私への過分な称賛に満ちている。しかし、私にとっては、自己の生き方を問い続けなければならない戒めの言葉であった。

この論考で宇沢先生は、「湛山は一生を通じて、道を求めて、求道者としての生き方を貫いた」とした上で、「神野君の生き方は石橋湛山のそれと相通ずるところが多いように私には思われる」と述べられている。そのため私は、宇沢先生の指摘する「神野君の求道者的な生き方」とは、どういう生き方なのかを常に反芻しながら生きていかざるをえなくなったのである。

宇沢先生はこの論考を、「神野君は、日本の現在の社会経済状況について、歴史の峠と表現し、いわば総体としての社会が構造的に変化する「大転換期」にきているということを指摘する」と述べ、私の著作を引用しながら、次のような言葉で結んでいる。

未来は、人間にとって未知の世界を意味する。未知の世界へのシナリオを描くことはむずかしい。しかし、未来が未知だとしても、未来は「現在」の延長線上にしか存在しえない。もちろん、それは「現在」が「過去」の延長線上に存在することを意味する。それだからこそ、未来のシナリオを、「過去」を学びつつ「現在」から描くことができるのである。しかも、未来へのシナリオは、単に未来を現在の延長として予測するのではなく、人間を人間として充実させるビジョンとして描かなければならない。

日本は、高度経済成長期を終わって、調整過程に入り、歴史的規模のバブル生成期を経て、いま、深刻な経済停滞期に入っている。時代を覆う無力感、閉塞感はおそらく明治初期以来、もっとも深刻、広汎であるといってよい。このとき、経済学の分野だけでなく、思想、文化、政治のあらゆる分野で、神野君の叡智とその実践的活躍に期待するところは大きい。


宇沢先生は東日本大震災に日本が襲われると、時を同じくして、脳梗塞で倒れられ、二〇一四（平成二六）年の夏の終わりとともに、天に召された。私は茫然自失となった。宇沢先生に託された使命を果せぬまま、ただ立ち尽くすばかりだったからである。

私は佐藤先生の「希望」を語り継ぎ、宇沢先生から託された使命を果さなければならない。しかし、私はあまりにも年を取り過ぎた。残された時はわずかしかない。自分の能力の衰えに、ただただ驚愕するばかりである。

とはいえ、私の「生」と「思想」を導いて下さった佐藤先生も宇沢先生も、この世にはなく沈黙を余儀なくされている。そのため生き残っている私は、何をなすべきなのだろうかと苦悩することになる。私が本書をまとめることを引き受けたのは、自己の「生」と「思想」を語ることで、ささやかでも自分に課せられた責任を果したいと思ったからである。

したがって、本書は宇沢先生の指示に従い、私の拙い「思想」から、現在の暗い時代の閉塞状況から語り始めたい。そうした私の「思想」が生成していく道程を、私の「生」とともに、本書で織り上げたいと考えている。敢えて繰り返すと、それが読者にとって、どれほど意味があるかはわからない。もちろん、読者が状況を理解し、自己の「生」を考えるための何らかの導き星になれば、私にとっての望外の幸せである。それとともに私自身にとって、自己の「生」と「思想」の省察が、残されたわずかな時を、「求道者的な生き方」で過す道標となることを、ただただ願うばかりである。

第1章

破局に向かう世界で
——経済学はいま

アメリカのペンシルベニア州ハリスバーグで開かれたトランプ大統領の集会で「米国を再び偉大に」などと書かれた紙を掲げる支持者ら(2017年4月29日，提供＝共同通信)

歴史の「峠」に直面して

誰もが未来に脅えている。憎悪と暴力が溢《あふ》れ出し、この世のいたるところで戦いの太鼓が鳴らされているからである。国家と国家との戦争の時代は終わり、テロとの戦いの時代になった。そうまことしやかに語られたのは、つい最近の出来事なのに、今では遠い昔の御伽話のように思えてしまう。

確かにテロ行為は激しさを増している。しかし、テロ行為の温床となる地域紛争は、いつも簡単に国家間の情け容赦なき戦闘行為を巻き起こしていく。

そのため未来を担う多くの若者たちが、憎悪と暴力の坩堝《るつぼ》の中で育っている。それどころではない。覇権国アメリカの大統領が、憎悪と対立を煽りながら、戦いの太鼓を激しく打ち鳴らしている。過去からの教訓に真摯に学べば、こうした状況のもとでは、偶発的出来事が世界規模での戦争への引き金になることを誰もが認識できる。しかも、人類の破滅をもたらす核のボタンをも押されかねない状況に、誰もが恐怖におののいている。

それ故に誰もが未来の恐怖に脅えている。どうして人間の歴史が、このようなダッチロール現象を起こしてしまったのだろうか。それは人間の歴史が、歴史の「峠」に直面しているからだといってよい。

人間の歴史には「峠」がある。ヨーロッパで「峠」を越えると、眼前にこれまでとはまったく相違する風景が広がり、相違する言語による生活様式に出会うことを経験することがある。人間の歴史にも「峠」がある。その「峠」を踏み越えると、それまでとはまったく相違する時代の風景が、眼前に広がることになる。

しかし、現在の歴史の「峠」は、踏み越えると新しき時代の風景が待っているという比喩が不適切な「峠」かも知れない。むしろ「病の峠」と表現される時の「峠」を、比喩として用いるべきかも知れない。もっとも、上りと下りの境目を意味する山の「峠」も、病の「峠」も境目を意味することでは同じである。

とはいえ、医師が患者に「今晩が病の峠です」と告げる病の「峠」とは、危機(crisis)を意味する。クライシスとしての危機は、「岐《わか》れ路」を意味している。つまり、破局か肯定的解決かの「岐れ路」こそが「峠」なのである。もちろん、病の「峠」とは病が回復するか、回復しないかの境目ということになる。直面している現在の歴史の「峠」は、破局か肯定的解決かの「岐れ路」としての危機である。しかし、肯定的解決など夢物語で、最悪の破局へと突き進んでしまうのではないかという不安が、暗雲のように世界を覆っている。

奇しくもこの歴史の「峠」で、腐臭を放って崩れ落ちようとしている時代は、第二次大戦という人類史的悲劇の後に形成された時代である。第二次大戦という悲惨な総力戦は、一九二九年の世界大恐慌から抜け出そうと喘《あえ》ぎ苦しんだ帰結ということができる。つまり、現在の歴史の「峠」で崩れ落ちようとしている時代は、大恐慌から総力戦へという破局を経験することによって形成されたのである。

現在の憎悪と暴力の溢出する混乱も、「一〇〇年に一度の危機」という大恐慌から喘ぎ苦しむ過程で生じている。そのため大恐慌から第二次大戦へという破局への歴史の教訓に学びながら、誰もが第三次大戦と呼ぶべき破局へと突き進むのではないかと脅えていると考えられる。

私は第二次大戦の終結とともに、この世に「生」を受けた。つまり、この歴史の「峠」で崩れ落ちようとしている時代は、私の生きた時代なのである。

私は年老い、現在ではいつ死んでも不思議はない状態にある。私が「生」を受けるとともに誕生した時代は、私の「死」とともに消え去ろうとしている。

しかし、私の「死」は必然であっても、この歴史の「峠」での危機が破局に帰結するという必然はない。というのも、この危機は人間が創り出したものである以上、人間が解決できないわけがないからである。

そうだとすれば、この歴史の「峠」で生を受けている者には、危機を肯定的解決に結びつける歴史的責任が問われているといってよい。それは来るべき戦争を前にして、それを回避すべく戦前責任を果すことが問われていると言い換えてもよいのである。

失われた三〇年

未来を信じる時代が終わろうとしている。私が「生」を受けてきた時代は、未来を信じた時代だった。この歴史の「峠」に直面して、未来を信じた時代が終わりを告げ、未来を信じられない時代が始まろうとしていることに、人々は恐怖しているといってもよいかも知れない。

幼き頃、新しき時代の枠組みが形成され、定着していく状況をつぶさに眼にしながら、その枠組みが私の「生」あるうちは、続くものと確信していた。しかし、それは幻想にすぎなかった。第二次大戦後にはアメリカを覇権国とするパクス・アメリカーナ(Pax Americana)という世界秩序の枠組みが形成されていく。というよりも、アメリカとソビエト連邦という二つの大国を中枢とする東西体制、つまりパクス・ルッソ・アメリカーナ(Pax Russo-Americana)の世界秩序が定着したのである。

しかし、一九八九年に「ベルリンの壁」が崩壊し、一九九一年にはソビエト連邦が瓦解してしまう。とはいえ、パクス・ルッソ・アメリカーナという戦後の時代の世界秩序は崩れたけれども、アメリカの政治学者フランシス・フクヤマ(Francis Fukuyama)が著書『歴史の終わり』(上・下、渡部昇一訳、三笠書房、一九九二年)で宣言したように、イデオロギーの対立が消滅し、自由主義をモデルに異議申し立てのない「歴史の終わり」が出現したわけではない。現在から眺めると、フランシス・フクヤマの『歴史の終わり』と時を同じくして刊行されたサミュエル・ハンチントン(Samuel Huntington)の『文明の衝突』(鈴木主税訳、集英社、一九九八年)のほうが、正鵠を射ていたといえるからである。

今では朧《おぼろ》げな記憶になり、正確な表現ではないけれども、井上達夫東京大学教授がソビエト型社会主義体制の崩壊を称して、二頭の鹿が角と角とを絡み合わせたまま倒れて動けなくなり、片方の鹿が死に絶えたのを、片方の鹿が薄目を開けて見て、「勝った」と呟いているようなものだと指摘されていたことを思い出す。東側のソビエト型社会主義体制は終焉を迎えたけれども、第二次大戦後に西側で定着した「福祉国家」モデルも終焉を迎えていたのである。

第二次大戦後のパクス・ルッソ・アメリカーナのもとで、西側の先進諸国は挙《こぞ》って「福祉国家」を目指していた。「福祉国家」とは所得再分配国家であり、それを可能にしたのは、パクス・アメリカーナを支えた世界経済秩序である「ブレトン・ウッズ体制」である。それは第二次大戦後半の一九四四年七月に連合国間で締結され、四五年にスタートした国際金融体制であり、国民国家が市場経済に介入して、所得再分配によって国民生活の安定を図るとともに、自由多角的な貿易を可能にする世界経済秩序だったのである。

「ブレトン・ウッズ体制」では固定為替相場制が導入されている。もちろん、固定為替レートを維持するために、国民国家に資本統制が容認されていた。国民国家に付与された資本の自由な移動を統制する権限こそ、第二次大戦後の西側先進諸国の混合経済とケインズ的福祉国家が機能する前提条件となっていたのである。

こうしたケインズ的福祉国家のもとで、西側先進諸国は第二次大戦後に「黄金の三〇年」と呼ばれる「経済成長と再分配の幸福な結婚」の時代を謳歌する。ところが、一九七三年に固定為替相場制が変動相場制に最終的に移行し、ケインズ的福祉国家の前提である「ブレトン・ウッズ体制」が崩壊してしまう。もちろん、それは第二次大戦後に西側先進諸国に定着した福祉国家の行き詰まりを意味し、ポスト福祉国家を模索する過程が始まることを告げている。

「ブレトン・ウッズ体制」が崩壊した一九七三年には、石油ショックが生じている。石油ショックは、大量生産・大量消費を実現し、福祉国家のもとで「黄金の三〇年」という経済成長を可能にした重化学工業化が限界に達したことを意味している。つまり、第二次大戦後に福祉国家を支えた重化学工業を基軸とした産業構造に行き詰まりが生じたのである。

福祉国家を理論的に支えたケインズ主義では説明できない、インフレーションと不況との同時併存というスタグフレーションを、石油ショックは招いてしまう。そうすると、第二次大戦後に西側先進諸国に定着した福祉国家という「大きな政府」こそが、スタグフレーションを引き起こしているとして、福祉国家を根底から否定し、「小さな政府」を主張する新自由主義が、世界史の表舞台に登場してしまうことになる。

一九七九年に新自由主義を掲げる「鉄の女」サッチャー(Margaret Thatcher)が、イギリスで政権の座に就く。さらにアメリカでは一九八一年にレーガン(Ronald W. Reagan)が大統領に就任し、一九八二年には日本で中曽根康弘が政権の座に就くというように、アングロ・アメリカン諸国で新自由主義を標榜する政権が、一九八〇年代に堰を切ったように広がっていく。

しかし、新自由主義の経済政策は、経済成長の回復に成功したわけではない。というのも、新自由主義は産業構造を転換するシナリオを描いていないからである。新自由主義の称賛する企業は、技術革新に果敢にチャレンジする企業ではなく、容赦なく人件費を削減する無慈悲な企業だったからである。

しかも、重化学工業化が行き詰まり、継続的な技術革新が停滞すると、投資先を喪失した過剰資本が国際的に形成される。ブレトン・ウッズ体制が解体され、金融自由化が急速に進められていくもとで、国際的過剰資本がグローバルに動き回ることになる。もちろん、こうした過剰資本は、新しい産業構造の創出に向ったわけではない。そのため一九八〇年代からの三〇年間は、バブルの発生とその崩壊に明け暮れることになってしまったのである。

資本は鳥の如く、天空をグローバルに飛び回る。しかも、新自由主義の主張にもとづいて、労働市場への規制は緩和される。そうなると、所得配分は不平等になる。さらに、「小さな政府」を唱えて、財政による所得再分配を弱めれば、当然のことながら格差と貧困が溢れる。もちろん、不平等が激化し、格差と貧困が溢れ出れば、社会に亀裂が走り、社会的統合は困難となってしまう。

日本では一九九〇年代は、「失われた一〇年」と呼ばれている。しかし、一九八〇年代以降の新自由主義が闊歩した三〇年は、経済成長が停滞し、格差と貧困が溢れて、社会に亀裂が走った「失われた三〇年」となってしまったのである。

ヨーロッパ理念の動揺

第二次大戦後の「黄金の三〇年」は、未来を信じることのできる「経済成長と再分配の幸福な結婚」の時代だった。しかも、新自由主義が闊歩した「失われた三〇年」でさえ、未来を信じようとして経済成長を追求した時代だったということができる。しかし、遂に未来を信じることができない時代に足を踏み入れてしまったと、現代の時代風景を叙述することができる。新自由主義を掲げ、グローバリゼーションを推進してきたアメリカとイギリスが、アンチ・グローバリゼーションの先頭に立っていることが、現在の時代状況の混迷を如実に物語っている。

とはいえ、ポスト福祉国家モデルはアメリカやイギリスが主導した新自由主義モデルだけではない。ヨーロッパには「ヨーロッパのやり方」があるとして、ヨーロッパ諸国はポスト福祉国家モデルとして「ヨーロッパ社会モデル」を追求していく。イギリスの社会学者アンソニー・ギデンズ(Anthony Giddens)の指摘によれば、「ヨーロッパ社会モデル」という言葉が広汎に流布するのは、新自由主義が世界史の表舞台に踊り出る一九八〇年代初頭のことである。つまり、「ヨーロッパ社会モデル」は西側諸国のメイン・ストリームを形成しつつある新自由主義のアングロ・アメリカン・モデルに対抗して、「ヨーロッパのやり方」を守ろうとして唱えられたのである。

「ヨーロッパ社会モデル」が守ろうとした「ヨーロッパのやり方」とは、第二次大戦後にヨーロッパで定着した「福祉国家モデル」だといってよい。「ヨーロッパ社会モデル」とは福祉や雇用を重視するという福祉国家のメリットを継承しながら、新しい状況に対応したポスト福祉国家モデルを模索しようとしたということができる。つまり、ポスト福祉国家モデルとして、アングロ・アメリカン・モデルが福祉国家を根底から否定しようとしたのに対して、「ヨーロッパ社会モデル」は福祉国家の修正的改革を目指そうとしたのである。

だが、福祉国家が機能するための前提条件としてのブレトン・ウッズ体制は既に崩壊している。資本統制は次々と解除され、資本は国境を越えて自由に飛び回っていく。そのため、それまでのように国民国家が所得再分配によって、福祉国家として国民の生活を保障していくことは困難となっていく。

そこでヨーロッパでは資本が国境を越えて自由に動き回るグローバリゼーションに対応して、通貨統合をも目指すヨーロッパ連合(European Union)という超国民国家機関を結成していく。こうした動きは一九九一年にオランダのマーストリヒトで合意をみたマーストリヒト条約で実現していく。

しかも、このように国民国家の機能を超国民国家機関に移譲する一方で、ヨーロッパでは地方分権を推進していく。つまり、ヨーロッパでは国民国家の所得再分配機能が弱まっていくことに対応して、国民生活を地方自治体の提供する現物(サービス)給付まで保障していこうとしたのである。

ヨーロッパでは国民国家の機能を、上方と下方に分岐させていくことによって、福祉国家のメリットを生かしながらグローバリゼーションに対応するポスト福祉国家モデルを追求しようとしたといってよい。国民国家の機能を上方と下方へと分岐させながら、ヨーロッパ統合を図っていく背後理念は「補完性の原理」にある。

一九世紀のドイツ哲学に端を発するとされる「補完性の原理」は、人間が孤立した存在ではなく、人間の本質が人間と人間との共同性のうちにあるという理念を前提としている。それは人間は自立すればするほど、連帯するという存在だと考えていると言い換えてもよい。

具体的に表現すれば、「補完性の原理」とは、個人で解決できないことは家族で、家族で解決できないことはコミュニティで、コミュニティで解決できないことは(日本でいえば市町村にあたる)基礎自治体で、基礎自治体で解決できないことは(日本でいえば都道府県にあたる)広域自治体で、広域自治体で解決できないことは国民国家で、国民国家で解決できないことはEUで、というように下から上へと積み上げていく原則である。こうした「補完性の原理」は、マーストリヒト条約に盛り込まれ、ヨーロッパというよりも、世界的に地方分権の潮流を形成する契機となる一九八五年のヨーロッパ地方自治憲章でも謳われている。

ポスト福祉国家を目指すヨーロッパの理念は、アングロ・アメリカン・モデルのような利己心にもとづく、「自分さえよければ」という人間観とは相違している。つまり、人間の存在は社会の形成のうちにしかなく、人間は「温かい手と手をつなぐ」ことによって生きていく存在だという人間観だといってよい。

こうした人間観を前提にしながら、人間が相互依存によってしか生きていくことのできない存在なので、人間の運命共同体を、下から上へと形成していくしかないという理念で、ヨーロッパ統合は成立している。しかし、ギリシャ悲劇とも呼ぶべき財政破綻が、ギリシャからアイルランド、ポルトガル、スペインなどへと伝播し、ＥＵ統合に亀裂が走る。しかも、ブレグジット(Brexit)と称されるイギリスのＥＵ離脱が現実化し、ヨーロッパ社会モデルは消滅の危機に瀕している。

ポピュリズムの拡散

「ヨーロッパ社会モデル」の失敗は、国家間格差と国家内格差を拡大させたからだといってよい。通貨統合を果せば、必ず国家間格差は拡大する。日本でいえば、通貨を統合しているので、地域経済力の強大な東京に、経済力が集中してしまう。そのため日本では、交付税という財政調整制度によって、財政力格差を是正している。ところが、通貨統合をしたヨーロッパには、財政調整制度が存在しない。財政調整なき通貨統合の悲劇は、国家内格差も国家間格差も拡大してしまうことにある。

「ヨーロッパ社会モデル」の大失敗は、西側諸国もポスト福祉国家モデルを実現できずに苦悩していることを意味している。第二次大戦後の「黄金の三〇年」に続く、新自由主義が闊歩した三〇年の帰結は、経済成長が停滞的だったばかりではなく、格差と貧困を噴出させてしまった。重化学工業化が行き詰まり、新しい産業構造の形成に向うことのない過剰資金が、情報技術発展の波に乗り、バブルを生じさせては弾けさせる循環を繰り返しながら、過剰な富を生み出した帰結にほかならない。

しかし、人間の歴史の方向性に対する喪失感を生じさせている時代の閉塞状況は、少数の過剰な豊かさと、大量に溢れ出た貧しさの過剰とが、人間の社会を壊滅的に解体し始めたことによって生じている。繰り返して指摘すれば、過剰な豊かさと貧しさの過剰という二つの過剰によって、人間と人間との結びつきが分断されてしまったという不安感を異様に掻きたてるからである。

人間と人間との絆が分断されていくという不安感の高まりが、社会防御のための社会的反動(social counter movement)を巻き起こすことはポランニー(Karl Polanyi)が指摘するとおりである。もちろん、現在でも人間と人間との絆が分断されたという不安感が、伝統的共同体への純粋な憧憬を呼び覚まし、暴力的にでも伝統的共同体を復活させようとする社会的反動を生じさせる。

世界を震撼させているテロや地域紛争の背後には、開発の名のもとに伝統的共同体が解体されていく恐怖を見い出すことができる。それだからこそ、イスラムの伝統的共同体を守るために武器を取れ、というイスラム武装勢力による叫びが説得力をもつのである。

「温かい手と手をつなぐこともない、旅立ちの苦しみ」とは、ネグリチュード(Négritude)と呼ばれる黒人文学運動の指導者で、セネガルの初代大統領となったサンゴール(Léopold Sédar Senghor)の言葉である。この言葉の背後には、人間は悲しみを「分かち合い」、優しさを与え合う共同体的人間関係を形成して生きていく存在だという人間観があるといってよい。

しかし、そうした共同体的人間関係を形成することが困難となり、住み慣れた故郷を捨て、旅立たなければならない難民の苦しみを、この言葉は見事に表現している。さりとて難民が旅立った先で、難民を待ち受けているのは、難民に対する憎悪という苦しみなのである。

難民に対する憎悪も、共同体的人間関係が崩されていくという不安感から生じている。ブレグジットにしても、崩れつつあるイングランドの伝統的共同体が壊滅してしまうという恐怖感が背後にあり、アメリカでトランプ(Donald J. Trump)を大統領に押し上げていった動きにも、同様の背景を指摘することができる。

このように共同体的人間関係が打ち砕かれ、砂のような存在に堕していく大衆の不安感を煽りながら、国家的原理主義が台頭していく。大衆の不安感を煽りながら台頭する国家的原理主義は、ポピュリズムと表現されている。フランスの国民戦線党首のマリーヌ・ルペン(Marine Le Pen)、オランダの自由党党首のヘルト・ウィルダース(Geert Wilders)らの台頭をはじめ、ポピュリズムはヨーロッパ大陸の各地に拡散している。

ポピュリズム(populism)は大衆迎合主義と訳されている。財政思想史の視点からは、一九世紀末にアメリカで展開された農民を中心とする反独占運動として理解されてきた。現在では政治の場から排除された大衆の不満に迎合する政治運動を指している。そのためアメリカの民主党の大統領候補で、格差是正やマイノリティの権利保護などを訴えたバーニー・サンダース(Bernie Sanders)をも含めて考えられることもある。とはいえ、アメリカでトランプが大統領となったことやヨーロッパで台頭しているポピュリズムと呼ばれる現象は、大衆迎合と表現するよりも、空疎な雄弁による大衆操作と表現したほうが適切だといってよい。

もちろん、それは共同体的人間関係が崩され、砂のような存在となっていく大衆の不満を煽りながら唱えられる国家的原理主義と、分かち難く結びついていると認められる。そうだとすれば、社会が分断されていくという不安感は、宗教的原理主義を燃え上がらせるだけではなく、国家的原理主義をも急速に台頭させたといってよい。しかも、宗教的原理主義と国家的原理主義は相互に反発し合いながら、憎悪と暴力を溢れさせていく。そのため世界の至るところで戦いの太鼓が激しく打ち鳴らされているのだといってよい。

「悪魔の碾き臼」としての新自由主義

市場を信仰する新自由主義の戦士たちが、世界の至るところで勝利の凱歌を揚げているかの如くに思えた二〇〇八年に、世界を震撼させた「リーマン・ショック」と呼ばれるパニックが生じた。このパニックは市場が自己調整的に機能するという新自由主義の呪縛から解放するのに、充分な効果を発揮するほどの衝撃を世界に与えた。そのためこのパニックは、一〇〇年に一度の「ツナミ（TSUNAMI）」、つまり一〇〇年に一度の危機として認識されることになったのである。

もちろん、一〇〇年に一度の危機という認識は、ほぼ一〇〇年前の一九二九年の世界恐慌が、一つの時代の終わりを告げたように、「リーマン・ショック」も一つの時代の終焉を告げていると考えられたことを示している。しかも、政府が所得再分配から撤退すれば、家族やコミュニティの機能が強まるという新自由主義が唱えてきた「説教」は、御伽話にすぎないことが、白日のもとにさらされることになる。

そもそも新自由主義の政策は、矛盾に満ちている。新自由主義は、福祉国家の所得再分配や社会保障が、家族やコミュニティという共同体的人間関係を破壊していると批判する。ところが、舌の根も乾かぬうちに、共同体への帰属意識が高いと、愛情や友情に支配され、市場の実利的交換を妨げると唱える。

いうまでもなく新自由主義は、共同体的人間関係から解放された、「自分さえよければ」と考える打算的人間観を前提としている。しかし、新自由主義が主張するように、「生」を共にすることも、愛し合うこともなく生きている人間になることなど、人間にはとうてい耐えられないように思える。それだからこそ不安感に駆られて、伝統的共同体を希求する流れが生じてしまうのである。

市場は個人と個人との間に発生することはなかった。共同体と共同体との接触によって市場は発生する。もっとも、市場は共同体を小さく分解していく。とはいえ、現在でも「最後の共同体」と呼ばれる家族の内部には、市場は存在しないのである。

しかし、市場社会とは生産物市場だけではなく、土地、労働、資本という本来、市場で販売するために創り出されたものではない生産要素の生み出す、要素サービスの取り引きされる要素市場が存在する社会である。要素市場が成立するためには、生産要素に所有権が設定されなければならない。それはコモンズつまり共有地を奪っていく囲い込み運動によって実現されていくことになる。しかも、人間が自然から切り離され、人間の社会からも分離されていくことを意味する。

ポランニーの表現を借用すれば、市場は共同体的人間関係を磨り潰す「悪魔の碾《ひ》き臼」である。新自由主義の「規制緩和」や「民営化」の掛け声によって、市場が解き放たれると、共同体的人間関係が急速に破壊されていく。その結果として社会的反動が生じ、憎悪と暴力が溢れ出てしまったことは、既に述べたとおりである。

誰のための経済学か

人間の歴史はダッチロール現象を起こし、未来を信じられなくなった時代に足を踏み入れようとしている。二〇世紀の後半から二一世紀にかけて、歴史的終幕を告げる壮大なドラマが上演されている。第一の終幕のドラマは、ソビエト型社会主義体制の終焉である。第二の終幕のドラマは、第二次大戦後に西側先進諸国が挙って目指した「福祉国家」体制の終焉である。第三の終幕のドラマは、ポスト福祉国家モデルとしてのアングロ・アメリカン・モデルも、ヨーロッパ社会モデルも崩壊している現在の状況である。

日の没する地であるヨーロッパの没落、つまりオキシデント(Occident)の没落と、日の出ずる地オリエント(Orient)の台頭と認められるような中国、さらにはインドの発展も生じている。とはいえ、中国やインドという新興国の台頭は、新しき世界秩序の到来を意味するというよりも秩序の混乱を引き起こすだけで、混沌とした未来への不信をむしろ強めるような現象となってしまっている。

もっとも、未来を信じられなくなった時代に人々が恐怖しているのは、このような歴史的な終幕の壮大なドラマとともに、人間と人間との結びつきが、寸断されてしまったからである。経済的繁栄は過去の夢物語となり、経済的危機に打ち震えているうちに、経済的危機が社会的危機へと転化してしまったということができる。社会的秩序に亀裂が走り、異常な犯罪の増加、麻薬の蔓延、自ら生命を絶つ自殺など人間の絆の喪失による社会的病理現象は、テロや地域紛争にまで拡大してしまい、人々は忍び寄る破局への恐怖に脅えている。

これが私たちの生きている状況である。私は自己の存在の意味を問いたくて、状況を理解するために、社会科学を学ぶ道を選択した。もちろん、状況を理解するとは、状況を秩序立てて整理して、そこに自己の「生」を位置づけることにほかならない。というよりも、社会科学の学問的使命は、現実の状況が投げかける社会的危機から脱出する海図を描くことが含まれていると、私は考えている。

私は財政学という社会科学を専攻している。財政学は経済学の一分野として理解されている。経済(economy)とはギリシャ語の「家」を意味するオイコス(Oikos)と、管理を意味するノモス(Nomos)に語源がある。つまり、経済とは家計の管理に語源のあるエコノミーの翻訳語である。翻訳語の経済は「経世済民」あるいは「経国済民」の略語である。経世済民にしろ経国済民にしろ、「世の中を治め、人民の苦しみを救うこと」を意味する。

アリストテレス(Aristotelēs)は生活を維持する技術をエコノミア(economia)と名付け、金儲けをする技術をクレマティスティケ(chrematistike)と名付けている。人類は賢明にも、経済学の語源を前者のエコノミアに求めたことになる。

ところが、現在では経済学はクレマティスティケという性格を帯びているといってもいいすぎではない。少なくとも、既存の経済学のメイン・ストリームは、現在の社会的危機に真摯に向き合おうとはしていない。経済学の歴史を省察すれば、経済的危機の時代には、必ず新しい経済学のパラダイムが誕生していることがわかる。一九世紀後半のグレイト・デプレッションと呼ばれる過程では、新古典派の経済学、歴史学派や財政学、さらには制度学派などの経済学が産声をあげた。もちろん、マルクス経済学が広汎に普及していくのも、一九世紀後半の大不況の過程にほかならない。

ケインズ経済学が一九二九年の世界恐慌の産物であることも、言を俟《ま》たない。経済学を発展させる原動力は、経済的危機だといってもいいすぎではない。しかし、現在の経済的危機を前提にして、経済学は新しいパラダイムを生み出すことができず、学問的使命を果せていない。

経済学が学問的使命を放棄しているうちに、経済的危機は社会的危機へと延焼してしまっている。経済は「状況」としての社会現象の一側面にすぎないにしても、社会現象が複雑な相互作用の関係として起きる以上、それは当然のことである。というよりも、経済という社会現象も、トータル・システムとしての社会全体との関連で位置づける必要のあることを、それは雄弁に物語っている。

私が財政学を専攻したのも、そうした問題関心からである。経済学を学ぶことからトータル・システムとしての社会全体、つまり私の生きている「状況」を理解したいと考えたからである。しかし、経済学を学べば学ぶほど、経済学を学問として再生させなければ、経済学の歴史的使命は果せないと、私は実感するようになる。しかも、そうした歴史的使命を果たすためには、経済学が考察の対象としてきた市場経済にとどまらず、非市場領域をも考察の対象として包摂することが必要だと、私は考えるようになっていく。

財政学は市場経済と政治との交錯現象としての財政現象を、研究対象とすると考えられてきた。つまり、財政学は市場経済では処理できない非市場領域を分析対象とすると認識されてきたのである。

こうした財政学の考察対象に、私は人間の生命の営み、つまり家族や共同体を形成して営まれる人間の生活をも加える、財政社会学という方法論を提唱してきた。それは財政を基軸にして、市場経済と政治システム、それに人間の生活が営まれる社会システムという三つのシステムの相互作用を、社会全体の「状況」として把握しようとするアプローチである。

人間になろうとして、生きる意味を模索してきた私が、自己の生きている「状況」を理解するために辿りついた学問が、財政社会学というささやかな学問である。それは「寂しがり屋」の人間の「生」の遍歴そのものに条件づけられている。

そこで私の「生」を省察しながら、私が学んできた学問と私自身の生き方を反芻していくことにしたい。私は生きる意味を求めて生き、その手がかりを学問に求めた。人間も寂しい存在だけれども、学問も寂しい存在である。私は学問の「寂しさ」に耐えられたか否かについては、自信がない。しかし、どうにか死を眼前にするまで生きることができた。そうした自分の「生」の軌跡を追憶しながら、「生」の意味を考えてみたい。

第2章

大切なものはお金では買えない
——私の思考の原点

1歳の頃，母・君枝に抱かれて

私にとっての「点」

「もう夏も終わりだね」

この言葉を耳にすると、何故だかわからないけれども、言い知れぬ寂しさが込み上げてくる。夏は虫たちが踊り出す、生命の躍動する季節である。そうした夏の盛りが終わり、秋の色が忍び寄ると、生命の宴が終演するような寂しさを感じるのは当然かもしれない。

しかし、私が夏の終わりに、ことさら寂しさを覚えるのは、緑の燃え盛った季節が幕を閉じていくからに違いない。私は幼き頃から、緑なす自然に抱かれて生活をしてきた。私の生家は鬱蒼《うっそう》とした緑に囲まれていた。緑の木漏れ日と風が、木々の囁《ささや》きを運んでくれた。

祖母が何を為すでもなく、風に優しくたわむ木々の囁きに耳を傾けながら、「緑を眺めて生活できることが、一番の幸福だよ」と、私を諭していたことが、走馬燈の如くに蘇ってくる。祖母の言葉は真理を語っている。それは人間が霊長類ヒト科の動物だからである。

霊長類は森の住民である。つまり、霊長類の特長は、森の中での樹上生活者だという点にあり、この世に生を受けた時から死にいたるまで、緑に抱かれて生命活動を営んでいる。哺乳類に分類される「目《もく》」のうちで、森の中での樹上生活を確保したのは霊長類だけであり、霊長類は「緑の中での生活に適応しきった動物」なのである。

生態学者で人類学者でもある河合雅雄京都大学名誉教授は、「緑の中では心が安まり、落ち着いた気分になる。それはたぶん、嬰児が母親の胸に抱かれ乳房をまさぐっておれば心が安らぐと同じく、霊長類の進化史の中で作られた生得的な心性なのだろう」と指摘した上で、次のように述べている（河合雅雄『子どもと自然』岩波新書、一九九〇年）。

　われわれが緑を求め、緑がない所では心が落ち着かずいらいらし、緑の中でこそはじめて安心感に浸れるのは、遠い先祖から受けついできた系統発生的な適応感覚によるものなのである。

私は緑に抱かれると、心が優しく洗い清められる思いがする。それは私が緑に抱かれるように生まれ育ったからだというよりも、霊長類としてこの世に「生」を受けた「性《さが》」なのかもしれない。緑に抱かれて生まれ育ったと表現すれば、私が豊かで平穏な環境のもとで、生まれ育ったと連想されるかも知れない。しかし、事実は正反対である。それは私が極貧と悲惨の時代に「生」を受けたからである。

人間は自分の意思とは無関係に、この世に「生」を受ける。人間は自分の「生」を受ける時代を選択することはできない。私が「生」を受けた時代、それは貧しく悲しい時代だった。というのも、私が誕生したのは、日本が残虐な暴力によって焦土と化した第二次大戦直後の一九四六（昭和二一）年二月九日だったからである。

敗戦の荒廃は筆舌に尽し難い。そもそも戦闘能力を喪失している日本に対して、広島と長崎に原爆が投下されただけではなく、人間を大量に効率的に殺すことを目的としたとしか思えない空爆が、大都市とその周辺に加えられた。祖母や母から語り聞く焼夷弾《しょういだん》から逃げ惑う恐怖の体験談は、遠い昔の御伽話ではなく、生々しい現場が実在する現実談だったのである。

確かに、これが人間の所業かと思われる野蛮な戦闘行為は敗戦によって終わりを告げた。しかし、戦争の惨禍という悲劇は、開演のベルが鳴り響いたばかりだった。生産活動が壊滅状態にあったため、口にするもの、身に纏《まと》うもの、雨風を凌ぐ住居と、人間の生命活動を支えるあらゆる必要が欠乏していた。食糧難という言葉が飛び交い、子どもながらに飢えの恐怖を実感したものである。

私が緑なす自然に抱かれて、この世に「生」を受けたということは、まさに唐の詩人杜甫が歌う「国破れて山河在り」という状況のもとに生まれたことを意味している。「国破れて」の「破」とは、上から叩き付けられた石が、粉々に砕け散った状態を表している。つまり、「国破れて」とは「国が敗れて」ではなく、国の組織や制度が粉々に砕けてしまったことを意味していると考えられる。

私が「生」を受けた状況は、国が敗れたために、国も破れてしまっていた。しかし、それでも「山河在り」という状況が存在し、草木は深く生い茂っていたのである。

「点」には長さも面積もない。ただ位置だけを示している。人間にも自分の位置だけを示す「点」が存在するような気がしてならない。それは私のように、職業を転々と変えてきた人間の抱く特有の感慨かも知れない。

職業とは演技にすぎない。私が自動車の組立工らしく振る舞えば、私は自動車の組立工なのであり、私が大学の教授らしく振る舞えば、私は大学の教授なのである。しかし、いかなる職業を演じていようと、私を私たらしめている「点」のようなもの、つまり私の位置だけを示す「点」には変わるところがないはずである。

人間は妥協することなしには生きることはできない。しかし、妥協は自己の「点」を失わない限りにおいてなされるものである。自己の「点」を失うような妥協は、もはや妥協ではない。演技を続けることで、自己の「点」を失うと判断すれば、敢然として演技を停止しなければならないのである。

自己の「点」は、この世に「生」を受けてから、人間として成長していく過程で形成される。この自己の「点」を形成する舞台を、私たちは「故郷《ふるさと》」と呼んでいるのだといってもいいすぎではない。

人間はこの世に寂しい孤独な存在として生まれ出ずる。しかし、誕生するや否や人間は、人間の絆に抱かれ、自然に抱かれて生命活動を開始する。そうした生命活動を通して、人間は真新しいノートに文字を書き入れていくように、自己の「生」を描いていく。

故郷とは「生誕の地」以上の意味がある。生誕の地でなくても、自分が育ったと考えている地を、故郷と認識する場合もあるからである。というよりも、故郷とは生まれた地にせよ、育った地にせよ、自己の「点」を形成した地ということができる。つまり、自己の価値観や情感を身につけたところと認められるのである。

高野辰之が作詞した小学唱歌では「故郷」を「兎追いしかの山、小鮒釣りしかの川」と歌っている。この歌詞を噛みしめると、故郷の野山を友達とともに夢中になって走り回り、兎を追い、小鮒を釣って遊び戯れ、子どもが育っていく情景が目に浮んでくる。つまり、故郷とは人間が人間になる過程で、人間の友人を創り、自然と友人となった地域なのである。

友人となるとは、愛情関係を形成し、仲間を創ることだと考えてよい。子どもが自然に抱かれて遊ぶのは、友人だけではない。親と遊び、隣人とも遊び戯れる。というよりも、人間は生命活動を維持していくために、家族・隣人・友人などという人間と人間との愛情関係を築き、人間と自然との愛情関係を形成していくといってよい。

高野辰之の故郷は、長野県の飯山である。私の故郷は埼玉県の浦和、現在の「さいたま市」である。私の育った頃の浦和には緑が溢れ、人間と人間との絆が息づいていた。私は浦和で数えきれないほどの多くの人々から愛情を降り注がれ、人間としての考え方や感じ方を身につけた。つまり、私は浦和を故郷として、自己の「点」を形成したのである。

祖父の生まれ変わりとして

私は祖父の生まれ変わりであるといわれてきた。既に述べたように、私は敗戦直後の一九四六年二月九日に誕生した。その二年前の一九四四(昭和一九)年二月一四日、奇しくもバレンタインデーに祖父は他界した。二月は真冬の月である。静かさだけで、動のない真冬の月に祖父は、あの世へと旅立ち、私は同じ真冬の月の静寂の中から、この世へと生まれてきた。そのため私は祖父の「生まれ変わり」だと信仰されたのである。

もっとも、私が祖父の「生まれ変わり」と信仰されたのは、祖父の他界したのと同じ月に誕生したからだけではない。私の耳は耳たぶが異常に大きい俗に言う福耳である。その耳の形が祖父と瓜二つだといわれた。耳の形だけではない。私の身体的特徴があらゆる点で、祖父と酷似していると指摘され、そのため私は、祖父の「生まれ変わり」だと信仰されていくことになる。

とはいえ、生誕間もない幼子の身体的特徴に、祖父との酷似を指摘できるかといえば、俄《にわか》には信じ難い。祖父の実子は私の母で、私の父は養子である。祖父は一人娘の母を溺愛し、母は祖父を敬愛していた。敬愛する偉大な祖父を失った母は、その悲しみを埋めるために、私を祖父の「生まれ変わり」だと信仰しようとして、祖父の身体的特徴を、私に見出そうとしたに違いない。私が祖父の「生まれ変わり」だという信仰は、喪失した愛を再生させる行為だったということができる。

そうだとしても物心がついてから、死の影に脅えてきた私にとって、祖父の「生まれ変わり」という信仰は、「生」への勇気を奮い立たせてくれた。母が「おじいちゃんが必ず守ってくれるから」と私に語りかける言葉によって、私は安心して未知へと進むことができたのである。

私の祖父・神野亀吉は一代で財を成した。宇沢弘文先生は私のことを、「神野君は、由緒ある神社の神主の家に生まれ、育った」と紹介して下さり、それだからこそ私が「求道者」として生きていると指摘されている。「由緒ある神社」か否かは疑わしいけれども、祖父が神主の家に生まれたことは間違いない。一〇人兄弟の中頃だった祖父は、神主の家を継ぐことなく、叔父の経営する「片山商店」という繊維問屋に働きにいく。

神野を「じんの」と読む家のルーツは、名古屋にある。祖父の生家も名古屋にあった。祖父が働きにいった「片山商店」も、名古屋の中区にある有名な繊維問屋街「長者町」に立地していたと聞いている。

私は現在、月に一度程度朝の七時から開催される、単に「朝食会」と名付けられた研究会に参加している。その呼び掛け人は、新日本製鉄で活躍された神野克彦氏である（同じ姓だが、私との縁戚関係はない）。私は神野克彦氏から、名前が一字しか違わないからという理解不能な論理で口説き落とされ、「朝食会」は私を囲む研究会という雰囲気になってしまっている。

その神野克彦氏が私の家のルーツを丹念に調査してくれた。しかし、神野克彦氏の調査でも、祖父の働きにいった叔父の片山商店の手がかりはつかめていない。片山商店の叔父から関東に店を出すようにといわれた祖父は、神野商店という繊維問屋を営むことになる。

問屋が生産過程に進出していくケースは、よく見受けられる。神野商店も問屋から生産へと進出していく。埼玉県行田《ぎょうだ》市は足袋の産地として知られる。最盛期には全国の足袋の生産の八〇％を占めていた。祖父は足袋の材料である綿織物を行田に卸す事業を展開していく。こうして神野商店は、大正期の都市化によって需要が急増したベッチンや、コール天という綿織物のビロードを生産していくことになったのである。

神野商店は本店を東京の浅草に置き、工場を埼玉県の川越と羽生《はにゅう》、それに浦和に立地して事業を営んだ。ところが、一九二三（大正一二）年九月一日午前一一時五八分に、東京を関東大震災が襲うことになる。死者は東京だけで六万人を超えたけれども、その主要な原因は火災にあるといわれている。浅草に住んでいた祖父母は大火に追われて逃げ惑った。祖母の語るところによれば、隅田川に逃げた人たちは降りかかる火の粉によって命を失い、上野の山に逃げた祖父母はどうにか難を逃れた。しかし、その上野の山も危ういと見て取り、最終工程の工場のあった浦和まで歩いて逃げたという。それ以来、祖父母は浦和に住み、私もそこで生まれ育つことになる。つまり、私の生家は一九二三年九月一日から浦和に住み始めたのである。

東日本大震災に襲われた二〇一一(平成二三)年三月一一日、私は東京の霞が関の総務省にいた。総務省の人たちはさすがで、ただちに危機対応の体制を整えた。しかし、何の能力もない私は総務省に残っていたところで、邪魔になるだけだと思い立ち、一七時から自宅のある浦和を目指して歩き始めた。それは祖父母にできて、私にできないはずはないと考えたからである。

もっとも、当時六〇代半ばの老人であった私にとって、霞が関から浦和まで三〇キロを超える道のりは遠い。途中で食事をとったせいもあるけれども、一七時に霞が関を出立し、浦和の自宅に辿り着いたのは、翌日の午前一時を回っていたのである。

祖父は実業家として成功した。私が幼き頃、戦前の「長者番付」つまり多額納税者のリストを蔵の中で見つけたことがある。その年に祖父は、埼玉県で二位の多額納税者だったと記憶している。しかし、戦時期に突入するとともに、神野商店は没落していく。神野商店は軍需に転換することを拒んだからである。そのため統制経済のもとで、綿の配給を受けられなくなり、経営が行き詰ってしまう。こうして祖父は、失意のうちに一九四四(昭和一九)年二月一四日に、この世を去ることになる。

祖父の「生まれ変わり」だと信じられていた私は、説明のできない不思議な体験をする。大学に入学すると、私は父に奨められて、自動車の運転免許証を取得する。運転免許証を取得してから二度目のドライブで遠出をし、父を埼玉県の久喜《くき》市に送っていった。その帰りに私は、南西にハンドルを切って自宅のある浦和市に向かうべきところを、真逆の方向へとハンドルを切り、埼玉県の羽生市へと迷い込んでしまう。その羽生市でバックしてきたダンプカーに衝突され、私の自動車は破壊されてしまう。

自動車が破壊され、帰ることができない私を、事故現場前の親切な方が、自宅に招き入れて、茶をふるまって下さった。会話の中でたまたま私が神野亀吉の孫だと知ると、その親切な方は私に、「眼の前の赤レンガの塀に囲まれたところが、あなたのおじいさんの工場跡地だよ」と教えてくれたのである。

何と私が事故を起こした現場は、祖父の工場跡地の前だった。赤レンガに囲まれた広大な敷地は、大手のバス会社の操車場となっていた。祖父の織物工場は国債で軍需関連工場に買われたと聞いていたので、時の移り変わりで、バス会社の手に渡ったものと思われる。

この話を母に伝えると、祖父が呼んでくれたのだと喜んだ。こうして私が祖父の「生まれ変わり」だという信仰は、ますます強まっていったのである。

何を大切にするのか——母の教え

愛に抱かれた時の流れは、ゆっくりと流れる。幼き頃に母の惜しみない愛に抱かれた時の流れは、ただ母と一緒にいるというだけで幸福が実感でき、ゆったりと過ぎ行く時となっていた。

私の通っていた幼稚園には、幼稚園なのに臨海学校があった。そのため母と別れ、メランコリーな海辺の宿で夜を明かした。子ども心にこのまま母に会えることなく、死が訪れるのではないかという恐怖に脅え、まんじりともすることなく、海峡の彼方から聞こえる鷗《かもめ》の叫びに悩まされたことを思い起こす。

愛は「精一杯」の人間の行為である。子どもながらに母が、私のために「精一杯」生きてくれていると実感できたからこそ、母と一緒にいることだけで、私は幸福だったのである。

私には母から叱られた記憶があまりない。嫌なことは忘却の彼方に追いやられてしまうからかもしれない。しかし、今もはっきりと思い起こすことのできる叱られた記憶がある。それは自転車の鍵をなくした時のことである。

幼き頃の浦和には芳しき草に覆われた空地が散在していた。そこに自転車に乗って遊びにいくと、つい時のたつのを忘れてしまう。気がつくと夕暮れ時となっていたため、家路に就こうとすると、自転車の鍵が見つからない。草の間に落ちているに違いないと、必死に探すけれども見つからない。日は没し、暗黒の闇が草原を這うように押し寄せてくる。闇に包まれてしまうと、探すことをあきらめざるをえない。

幼少の頃，2人の弟と遊ぶ

暗闇の中を暗澹たる思いで、実家の明かりに辿り着くと、母が走り寄り、私を優しく抱きしめた。しばし後に、自転車の鍵が見つからずに、帰ることができなかったという私の話を聞いて、母は信じられないほど強く私を叱った。

「いつも教えているでしょう。お金で買えるものには価値がないと。自転車はお金で買えるでしょう。そんなもの、捨ててらっしゃい」と命ずるように諭すとともに、「お前の帰りが遅いために、どんなに心配したかわかりますか。私に心配をかけないことのほうが大切でしょう」と叱られたのである。

私は母から、「お金で買えるものには価値がない」といつも教え諭されていた。参考書や問題集など、書店から「お金」で購入できるものには価値がないので、紛失しても叱られることはなかった。しかし、ノートは違う。苦労して作成したノートは、「お金」で購入できない。そうした「お金」で購入できないものは大切にし、なくしてはならないと言い聞かされていたのである。

自転車の鍵をなくし、帰宅が遅くなったことを母に叱られてから、私は「お金」で買えないものを意識的に大切にするようになった。しかし、意識的行為を繰り返すうちに、「お金」で買えるものには価値がないという原理は、私の「生」を貫く絶対的基準となってしまったのである。

それだからこそ私は、経済学を志したといってもよい。「お金」で買える「もの」とは、市場で手に入れる「もの」である。つまり、母の教えは、市場で手に入れる「もの」は粗末にしてもよくて、市場では手に入れることのできない「もの」を、大切にしなければならないことを意味する。どうしてそうなのかを問おうとすれば、市場とは何かを問い、市場と非市場との関連を考察することに意欲を掻きたてられることになる。

しかし、市場で買えない「もの」が大切だということであれば、私の関心は自然と、非市場の領域に焦点が絞られていく。仮に経済学が、人間の「生」にとって市場が大切だと考えるのであれば、私の志したのは「経済学批判」ということになる。私が非市場の領域を対象とする財政学を専攻し、それを財政社会学へと発展させていこうと志向したのも、市場で買えない「もの」を大切にせよという母の教えに起点があることは間違いないのである。

何も記入していないノートは、市場で売っている。しかし、自分で苦労して記入したノートは、市場では売っていない。市場で売っていない自分で苦労して作成したノートは、大切にしなければならない。もちろん、市場では購入できない友情や愛情も大切にしなければならないことは言を俟たない。

母の手編みのセーターを身に纏いながら、どうして母は市場で買えない「もの」を大切に思えと教えるのかと考えると、漠然とではあれ、答えは見えてくる。母の手編みのセーターは、市場では売っていない。確かに市場で売っているセーターのほうが、見映えはする。しかし、母が編んでくれたセーターを着ると、愛されているという幸福を味わうことができる。経済学の説く「効用」という言葉を使用すれば、経済学の説明とは逆に、価格の高いセーターよりも、母の編んだ無償のセーターのほうが、圧倒的に「効用」は高いのである。

サン＝テグジュペリ（Antoine de Saint-Exupéry）の『星の王子さま』（内藤濯訳、岩波書店、一九五三年）を繙《ひもと》くと、キツネは「星の王子さま」に「人間ってやつぁ、いまじゃ、もう、なにもわかるひまがないんだ。あきんどの店で、できあいの品物を買ってるんだがね。友だちを売りものにしているあきんどなんて、ありゃしないんだから、人間のやつ、いまじゃ、友だちなんか持ってやしないんだ」と言い放っている。それは人間が忘れ始めている「〈仲よくなる〉っていうこと」の大切さを説いているといってよい。

「〈仲よくなる〉っていうこと」は友達になるということであり、仲間になるということでもある。それは愛を築くことだということができる。「星の王子さま」はバラの花たちに、「あんたたちは美しいけど、ただ咲いてるだけなんだね。あんたたちのためには、死ぬ気になんかなれないよ」と告げた上で、自分の慈しみ育てた一輪のバラの花は違うという。「そりゃ、ぼくのバラの花も、なんでもなく、そばを通ってゆく人が見たら、あんたたちとおんなじ花だと思うかもしれない。だけど、あの一輪の花が、ぼくには、あんたたちみんなよりも、たいせつなんだ。だって、ぼくが水をかけた花なんだからね」と説いたのである。

ここには母の手編みのセーターも、苦労して作成したノートも、大切にしなければならない理由が説明されている。それは自分にとってかけがえのない「もの」だからである。このように「ただ」の存在を、かけがえのない存在に転換する要因は、「仲よくなる」ことにほかならない。

キツネは「星の王子さま」に、「あんたが、あんたのバラの花をとてもたいせつに思ってるのはね、そのバラの花のために、ひまつぶししたからだよ」と説明している。この「ひまつぶし」とは私なりの拡大解釈では、「生」を「共」にすることである。つまり、価値のないものを、価値あるものにするのは、「生」を「共」にすることだということになる。

「星の王子さま」とキツネとの出会いの場面は、私の人生の決定的な導き星となっている。祖母から私は緑を眺めることの大切さを、いつも言い聞かされていた。「緑を眺めていれば、眼が悪くならずに、幸福が舞い込む」と耳が痛くなるほど、説き聞かされていたのに、私は眼を酷使し続けた。そのため四三歳の時に網膜剥離《もうまくはくり》を患い、手術を繰り返しながら、しのびよる失明の恐怖に脅えている。

そうした私にとって、キツネが「星の王子さま」に語る「心で見なくちゃ、ものごとはよく見えないってことさ。かんじんなことは、目に見えないんだよ」という言葉は、救いの声である。私は現在、視野が欠ける危険があるため、視野検査を受けざるをえなくなっている。

しかし、失明という最悪の状態を覚悟して、これまでも私は、キツネの言葉を頼りに「生」を奮い起こすことができた。「星の王子さま」が「かんじんなことは、目には見えない」と繰り返したように、私も繰り返し、この言葉を自分に言い聞かせたのである。

とはいえ、母の教えで私が学びとった大切な点は、愛とは責任であるということにある。愛するということは、責任を引き受けることだという意味である。何故に責任を引き受けるかといえば、それは愛しているからである。

人間と人間との絆を築くということは、永遠に責任を背負うということにほかならない。キツネは「星の王子さま」に、「人間っていうものは、このたいせつなことを忘れてるんだよ。だけど、あんたは、このことを忘れちゃいけない。めんどうみたあいてには、いつまでも責任があるんだ」と説いている。こうして私が学んだ母からの教えは、私の生きるための「点」になっていく。

偉くならないこと

母の教えは二つある。一つは、これまで述べてきたように、「お金」で買えない「もの」を大切にすることである。もう一つは、偉くならないことである。母の教えは、いずれも祖父から語り継がれた教えのようである。

既に述べたように、祖父は一代で財を築いた。しかし、その過程では筆舌に尽し難い苦労をしたようである。しかも、良心の呵責に耐えながら、心を鬼にして挑まなければならない辛く悲しい行為も数多く重ねたのではないかと思われる。そのため祖父は、生まれてくる孫には、金儲けをさせるな、偉くならせるなと、母に言い聞かせていたと考えられる。つまり、祖父は自分が財を成すためにしてきた苦労を、孫にはさせたくなかったのである。

もちろん、祖父には孫が経済的に苦労しないような財を築いたという自負があり、その財によって孫には世のため人のために自由に生きるようにと願ったということができる。その祖父の願いに忠実に母は従い、私に「お金」で買える「もの」には価値がない、偉くなるなと教えたのである。

しかし、祖父の目論見は破れた。戦争の遂行と敗戦が、祖父の目論見を水泡に帰してしまったからである。昭和三〇年頃だったと記憶しているけれども、孫のためにと残していた風呂敷包みを開くと、額面で二〇〇〇円ほどの愛国貯蓄国債が包まれていた。戦後のインフレーションで無価値にしてしまったけれども、祖父としては孫の生活を充分に支える価値があると想定していたに違いない。ことほど左様に、孫には経済的苦労をさせないという祖父の目論見は、脆くも崩れ去ってしまったのである。

それでも母は、祖父の願いを実現しようと懸命に努力を重ねた。母にとって辛く苦しい子育てだったに違いない。しかし、母は最近、人生で最も幸福だった時はいつかと、近所の人に尋ねられると、子どもを育てていた時だと応えていたのである。

母は経済的には何の苦労もなく、蝶よ花よと育てられた。母の世話には、「女中さん」と呼ばれていた奉公人が、二名付けられていた。母の入学する小学校に、祖父は竹登りやピアノを寄付し、入学式へ向かう母を、近所の人々が取り囲み、さながら大名行列のようだったという。

しかし、戦争によって子ども時代の生活は、邯鄲《かんたん》の夢のように、一変してしまう。成人に達する前に、事業は閉鎖され、追い打ちをかけるように、祖父が他界する。その直後に父と結ばれるけれども、大学卒業間もなく、しかも無給の研究員だった父には、家族の生活を支える糧を稼ぐことすら覚束ない有様だったのである。

とはいえ、祖父は大いなる資産を残した。そのため上流階級を没落させ、斜陽族を生み出したとされる一九四六（昭和二一）年の財産税が、私の家にも課税されることになってしまう。もちろん、その納税は不可能である。というのも、事業が破綻し、事業用資産を失ってしまい、残った財産といえば、無収益資産にすぎないからである。収益資産もなかったわけではないけれども、統制経済のもとで、地代家賃が抑えられ、金銭的収入は枯渇状態にあったのである。

財産税の納税は後に埼玉銀行の頭取になられた長島恭助氏に、保証人を引き受けていただいたので切り抜けることができた。とはいえ、私の家は斜陽族と呼ばれるほどの上流階級ではなかったけれども、大きく財産を失い、没落していったことには間違いない。父の転勤で千葉に移り住んだ時には、父が肝臓の病に倒れたため、三歳児の私の記憶でも飢えの恐怖を実感するほどの極貧の生活となってしまったのである。

しかし、母は祖父の願いを叶えようとした。金のためではなく、地位を求めるためでもなく、子どもの自発的な意志のもとに、我が子を人間として成長させていこうとした。そのために母は、私に本に囲まれた生活を与えてくれたのである。

本に囲まれて

私の心に残る母との記憶は、母による読み聞かせから始まる。もちろん、私がまだ文字も読めない頃に、母が読み聞かせてくれた本は、絵本である。母の膝の上に抱かれ、絵本を見ながら、母の語りを耳にすると、限りないファンタジーの世界に遊ぶことができた。母は昔話や童話という御伽話の絵本を読むというよりも、私と優しく対話をするために、絵本を読み聞かせているのだというように、絵本を読んでくれた。昔話や童話から、動物や植物、あるいは汽車などの図鑑のような絵本へと移っても、母は私との対話のために絵本を使っていたように思われる。

テレビのない時代である。どこの家庭でも子守といえば、絵本の読み聞かせだったかもしれない。弟が生まれると、私は一人で絵本を眺めることが多くなる。そうすると母は、絵本をふんだんに買い与えてくれた。

私がどうにか文字が読めるようになると、母は惜しみなく本を買ってくれた。もっとも、母は暇を見つけては、本の読み聞かせを続けてくれた。

買い与えられる本は、あらゆる分野に及び始めた。惜しみなく本を買い与える母の方針は「積読《つんどく》」である。読まずに積んでおくだけでよいという方針である。良い本を惜しみなく買い与えれば、いずれは興味ある本を、手に取るに違いないというのが、母の方針だったのである。

母の「積読」の方針は一貫していた。もっとも、私が本屋にいって本を選べるようになると、私が欲しい本を母は惜しみなく買ってくれるようになる。小学校の高学年以降になると、もっぱら私の欲しい本が買い与えられるようになる。

子どもながらに母に、「どうして本をこんなに買ってくれるのか」と尋ねたことがある。母は「お金は人間を高めない。お金を本に換えておくと、本はお前の人間性を高め、将来のお前を創ってくれるからだよ」と、微笑みながら応えたのである。

生活は貧しかった。母は質素なものしか身につけなかった。病弱だったこともあって、父も質素に暮らした。しかし、本にだけは惜しみなく支出された。そのため私は本に囲まれた生活に、どっぷりつかって成長したのである。

私の子どもの頃の生活は貧しかったけれども、豊かだった。もちろん、本に囲まれた生活、それ自体が豊かであることは間違いない。しかし、貧しい家計でも、本への支出を可能にする豊かさが存在していたのである。

それは「母なる大地」の恵みである。子どもの頃の私の家は、三〇〇坪ほどの緑に覆われた敷地に、父と母と私たち兄弟の住む三〇坪ほどの家と、祖母の住む二〇坪ほどの家が、渡り廊下で結ばれて建っていた。これに加えて、八〇坪ほどの農地が隣接していた。敷地内には柿、栗、ぶどう、すもも、びわ、ざくろの木が植えられていた。隣接していた農地ではきゅうり、なす、トマト、とうもろこし、いちご、ねぎ、キャベツなど多くの野菜を栽培していたのである。

そのため食料として購入しなければならないのは、穀物とみかんやりんごなど限られていた。牛乳は近くの牧場から毎日届けられたけれども、ヨーグルトは父が自ら製造していた。しかも、隣接した農地には鶏舎もあり、数十羽の鶏を飼っていたので、新鮮な卵を毎日、口にすることができたのである。

自給自足とまではいかないとしても、かなりの必需品が自給自足であった。しかも、道具類が豊富に揃っていて、原材料さえ手に入れば、食料にしろ、衣料にしろ、加工品にすることが容易であった。さらに近所の人々が様々な作業を手伝いに訪れてくれ、金銭収入をそれほど必要とせずに生活をすることができた。そのため本に囲まれた生活が実現していたのである。

もちろん、「母なる大地」の恵みを得るためには、農作業が必要となる。農作業はもっぱら父が行っていたけれども、私も父について作業を手伝った。私は子どもながらに、晴耕雨読の生活をしていたのである。

自然に働きかける農作業は、読書とともに私の人間を形成していくことになる。子どもの成長にとって、自然に親しむガーデニングが大切だとして、「食べられる校庭(edible schoolyard)」の運動がアメリカのカリフォルニアから起きている。それを眺めるにつけても、自然と本に囲まれて成長した私は、恵まれていたと実感する。夏休みに涼しい緑のそよ風に吹かれながら本を読み、疲れると畑にいって、新鮮なトマトをもぎって口にした時の美味しさは、何ものにもかえがたい至福をもたらしてくれたのである。

人間と宇宙への探求 52

物心のついた幼き頃から私は、死の影に脅えていた。死ぬとどうなるのかという疑問が、幼き脳裏から離れなかった。死ぬとどうなるのかと考えながら、最初に興味をもった書物は、母が買い求めてくれた人類の誕生にかかわる図鑑だった。興味をもった人類の誕生を学ぶにはどうしたらよいかと母に尋ねると、考古学者になればよいといわれた。そのため私が最初に憧れを抱いた職業は、考古学者となったのである。

だが、人類の誕生を知ったところで、人間は死ぬとどうなるのかという疑問は、未知のままである。人間はいずれ再生するると信じるとすれば、現在の自分も、過去の自分の再生ということになる。しかし、現在の自分が過去の再生だとしても、現在の自分には過去の自分の記憶がない。したがって、仮に未来に自分が再生したとしても、現在の自分に関する記憶がないことになる。自分が未来に再生したとしても、現在の自己の記憶がないのであれば意味がない。結局のところ、いずれ自分は無の世界に陥り、母と別れなければならないという恐怖に苛まれ続けたのである。

私が本の世界にだけ閉じこもっていたのならば、精神を病んでしまっていたかもしれない。しかし、私は生命ある自然に親しむことで、生命とは何かという感覚を修得することができた。それは父のおかげである。

父は埼玉県白岡町の豪農の家に生まれ、旧姓でいえば、岡安廉平《おかやすれんぺい》となる。父は学業には秀でていたけれど、豪農とはいえ、農家に生まれたため、農学校にしか進学できなかった。その後に教員養成所に通い、宮沢賢治の出身校である盛岡高等農林学校に進学する。当時は高等農林学校から帝国大学へ進学する道は断たれていた。ところが、幸運にも父が盛岡高等農林学校を卒業した時に、九州帝国大学が門戸を開いてくれた。そのため父は、九州帝国大学の農学部農業化学科に進学することができたのである。

九州帝国大学を卒業すると、東京都北区王子の飛鳥山にある大蔵省醸造試験所に就職する。就職したという表現は正確ではない。父は研究者で無給だったからである。父によると、生活は実物支給でたてていたようである。父は浦和の第一高等女学校を卒業した母の君枝と一九四五(昭和二〇)年に結婚し、神野家の養子となる。無給だったけれども、祖母が祖父の心意気を受け継ぎ、月給など必要ないといって養子にしたようである。

第二次大戦後に父は、千葉県の醸造試験所に転勤となるけれども、無給であることには相違がなかった。しかも、父は肝臓の大病を患ってしまう。酒造にかかわっていれば止むをえないことかも知れない。一九五二(昭和二七)年に埼玉県の職員に転職した父はようやく有給となる。それから農業試験所や園芸試験所など、農業関係の研究施設を転々としていくことになる。

そうした父に導かれて、私は幼い頃から、化学の実験器具と親しんできた。しかし、父から受けた最も大いなる恩恵は、自然を洞察する能力を、体験とともに養ってくれたことにある。既に述べたように、私は父に導かれて大地に種子を蒔き、大地の恵みを収穫した。こうした農作業を通じて、私は自然の自己再生力に感動することになる。満天の星を愛でながら、宇宙の神秘を教えてくれたのも父である。死の影に脅えていた私は、小学校から中学校にかけて、宇宙と原子の世界に異常な興味を抱き、アメリカの理論物理学者ガモフ(George Gamow)の全集を読み漁る。それも父の導きがあったればこそである。

直昭と悟という私の二人の弟は、いずれも日本医科大学を卒業して医者になっている。そのことも、父が生命科学を専攻していたことと深く関係していると思っている。

自然体験を積み重ねると、自然には自己再生力があり、生命は繋がっていることが理解できるようになる。というよりも、万物は繋がっているという感覚が芽生え、人間の生命も自己再生する生命体系の一部分にすぎないという認識が生まれてくる。

それは諸行無常を認め、自己の個体としての死を受け入れることに結びつく。父の教えは「死とは大地に帰ること」というものであった。個体としての死を受け入れることは、「諦める」ということかもしれない。しかし、「諦」とは悟りを開くという意味でもある。諦念とは道理をわきまえて悟る心でもある。それは無執着という仏陀の教えにも通じる。

そうした諦念は、部分ではなく全体への関心へと誘う。それは生命が繋がる水色の惑星である地球も、宇宙全体との関連で認識しようとすることになる。というよりも、宇宙も部分かも知れない全体への認識を意欲することになる。

「全体的な」を意味するwhollyと、「神聖な」を意味するholyは、語源も発音も同じである。私は自然体験を通じて、万物が連なっていると認識すればするほど、宗教も科学も真理を追求しようとする点では、同じではないかと思うようになったのである。

宗教は神秘を説き、科学は真理を説くというわけでもあるまい。確かにコペルニクス(Nicolaus Copernicus)の大転回以降、真理の解釈権を宗教から科学が掌握したかの如くに見える。しかし、科学も真理を説いているわけでもない。そもそも宇宙の中心が太陽だとするコペルニクスの地動説は、現在の科学からすれば正しいとはいえない。宇宙には中心がないと説き、火刑に処せられた修道者ブルーノ(Giordano Bruno)のほうが真理を語っている。

宗教も科学も真理を追求するけれども、アプローチに相違があるだけのような気がするようになってきた。つまり、宗教は全体真実をまず説こうとするのに対し、科学は考察対象を限定し、部分真実のみを説こうとすると考えるようになったのである。

宗教のように全体真実をまず解明しようとしても、それは不可能である。科学のように部分真実を解明しようとすれば、真理にアプローチすることが可能なように思われる。しかし、真理には全体性がある。つまり、ジグソー・パズルの小片のみを考察したところで、真理という図柄の全体像は見えてこないために、部分真実を追求する科学も間違いを犯していくのである。

もちろん、まず全体真実を把握しようとすれば、神秘の世界に迷い込んでしまう。そうだとすれば、ジグソー・パズルの全体の図柄を見るためには、ジグソー・パズルの小片の周囲に、どの小片を配置するかを考えていくように、部分真実という小片に、どのような部分真実を配置したらよいのかを考え、全体真実に接近していくしかないと認識するにいたったのである。

部分真実を考察するにしても、全体真実を必ず意識する。そうしたアプローチは私が経済学を財政学に焦点を絞りながら、研究していく上での基本的視座となったのである。

第3章

社会を選び取る責任
——「知」と格闘するなかで

東京大学教養学部文科Ⅱ類に入学した時に，
駒場キャンパスで（1965年）

東京大学への入学——「動」の時代に

青春時代は夢と挫折に彩られる。大学に進学すると、私は多くの時を、喫茶店で刻んだ。心悲《うらがな》しき喫茶店でほろ苦いコーヒーを啜ると、不思議と心が安らぎ、読書に励むことができた。学生街を歩けば、名曲喫茶と呼ばれるクラシックの流れる喫茶店が佇んでいるのが、当時の時代風景となっていた。私のお気に入りのバックグラウンド・ミュージックは、ヨハン・セバスチャン・バッハ(Johann Sebastian Bach)だった。そのため未だに、バッハが流れると無性に本が読みたくなってしまう。

私は大学に進学するのに、一年間の浪人をした。さすがに浪人の一年間は、好きな本を読み耽ることを慎んだ。そのため大学に入学するや否や、抑えられた欲求が噴き出し、読書三昧の生活へと溺れていったのである。

ところが、大学に入学すると、読書生活に大きな変化が生じた。それまでの読書がもっぱら、私の書斎を舞台としていたのに対し、大学に入学すると、そこに喫茶店が加わったからである。それは私にとって、本とともに過ごす落ち着いた時の流れを取り戻すとともに、そのように過ごす時がさらに増していくことを意味していたのである。

とはいえ、私の大学時代は本に囲まれた静かな生活の復活を意味したわけではない。「静」とは正反対の「動」の時代であった。というよりも、私の大学時代は文字どおりの「シュトゥルム・ウント・ドランク（疾風怒濤）」の時代だったのである。

　夕闇が迫っているにもかかわらず、駒場にある東京大学教養学部の大教室は若き熱気が溢れていた。壇上の弁士が熱弁を振るっているというのに、聴衆は静かに聞き入ることもなく、忙しく動き回りながら議論をしている。それにもかかわらず、聴衆からは、弁士の演説の区切りごとに、「異議なし」とか「ナンセンス」という掛け声が、大教室を照らす蛍光灯から醸し出す寂しげな虚空を飛び交っていた。私は大学に入学するや否や、大教室の学生集会に参加し、まるで「不思議の国」に迷い込んだような光景に接することになったのである。

　私は一九六五（昭和四〇）年に東京大学教養学部文科Ⅱ類に入学した。東京大学教養学部は法学部に進学することが予定されている文科Ⅰ類と、経済学部に進学することが予定されている文科Ⅱ類が同じクラスに編入されることになっていた。私は第二外国語でフランス語を選択したので、文科Ⅰ・Ⅱ類の一七クラスに編入されたのである。

　入学するとクラスごとにまだ顔と名前も一致しないのに自治委員の選挙が行われる。定員は二名であった。一名は河内謙策君が立候補したので選出されたけれども、一名は立候補する者がいなかったために、理由は定かではないけれども、私が選出されてしまったのである。

　河内君は高校時代からの有能な活動家で、尊敬する友人となって生涯親交を暖めることになる。しかし、私はといえば、現実の社会問題に関心があったとはいえ、観念の世界に閉じこもる生活を続けてきた。おそらく生来、病弱だったからに違いない。そのため入学するや、自治委員として前述のように学生集会に出席することになり、別世界に足を踏み入れたような体験に驚くばかりだった。

夢と挫折の青春時代

ベトナム戦争が泥沼化し、日米安保条約の改定が近づくにつれ、学生運動は激しさを増していった。学生生活が進んだ半年後の自治委員選挙では、立候補者が増加した。しかし、私は立候補していなかったにもかかわらず再度、自治委員に選出されてしまった。私は今度は自治委員を辞退した。激しさを増す学生運動のセクト争いに嫌気が差していたからである。というよりも、本に囲まれた生活に戻りたかったといったほうがよいかもしれない。

とはいえ、内に閉じこもりがちだった私の生活は一変した。友人たちと積極的に交流するようになったからである。喫茶店は私の書斎であるとともに、友人と議論をする談話室ともなっていたのである。

友人たちとの議論は、私の人生に輝きを与えてくれた。私のくだらない議論に付き合ってくれた木畑洋一君は、後に歴史学者となり、運命の神の悪戯《いたずら》で、私が東京大学経済学部長を務めていた時に、東京大学教養学部長に就任した。木畑君の『二〇世紀の歴史』(岩波新書、二〇一四年)は、現在に「生」を受けた者にとって読まなければならない貴重な本である。

桜の花弁が舞う中で出会った友人とは、不思議と様々な人生のステージで出会うことになる。日本航空に勤務した青山和朗君、住友商事に勤務した村田孜君、トヨタ自動車に勤務した安間《やすま》弘行君とは、経済学部に進学してから、「学生経友会」という経済学部の同窓会の下部組織で一緒に活動することになる。国土交通省の事務次官となった岩村敬君には、私が後に地方財政に携わることになったこともあって、仕事の上で導きを仰ぐことになる。

しかし、人生には悲しき別離も待ち受けている。悲しみはいつも突然、訪れる。

同じクラスには中島尚俊君がいた。クラスの席順が五十音順だったこともあって、中島君の席は私の近くであり、窓際の席だった。窓から差し込む清々しい初夏の陽射しが、細身だけれども暖かな人柄を偲ばせる中島君の姿を照らしていた。中島君は北海道の出身で、父親は国鉄の鉄道員だった。そのためか東京大学に入学した時から、将来は国鉄に就職すると決めていた。

結局、中島君は夢が叶って、国鉄に就職する。国鉄の民営分割後は、故郷の北海道でＪＲ北海道に務め、社長にまで登りつめる。

中島君は私を、しばしば北海道へと招待してくれた。二〇一一（平成二三）年にも私は中島君の好意に甘え、北海道を旅した。その北海道への旅で、今から振り返ると、「最後の晩餐」となる食事を、私は札幌のホテルで中島君と共にした。その時、中島君は「自分の人生には紆余曲折があったけれども、自分と妻の親と一緒に住む家を故郷につくることができ、幸せな人生だったと思っている」と、しみじみと自らの人生について述懐していた。

この「最後の晩餐」から数カ月後、突然、中島君と連絡がとれなくなってしまった。その当時、地方財政審議会会長を務めていた私が、東日本大震災の被災地の岩手県釜石を訪れ、心を暗くしていた時に、不幸にも携帯電話が鳴った。それは自ら北の海に身を投げた中島君の遺体が発見されたことを知らせる電話だったのである。

消え去りし友は、私に青春の夢を語りかけてくる。夢と挫折に彩られた私の青春時代には、東京大学教養学部から経済学部へと進学するとともに、「東大闘争」が巻き起こる。私は「東大闘争」の渦中に身を委ねながら、自己の歴史的責任を問い、いかに生きるべきかを苦悶することになったのである。

経済学への道

人生という行路は、走り抜けるものではない。道端に咲く美しき花を愛《め》で、行き交う人々と、挨拶を交わし、会話を楽しみながら、ゆっくりと歩いていくものだ。私は自分自身に、そう言い聞かせるようになっていた。

死の影に脅えながら、書物の森を徜徉しても、人生には終わりがあるという厳然たる事実は受け入れざるをえない。そうだとすれば、終わりのある人生を走り抜けるような生き方だけはせずに、一瞬一瞬を大切にしながら、ゆっくりと生きていくしかあるまいという諦めの境地が私に芽生えてきた。もちろん、それは哲学的省察による結論というよりも、取り敢えずの処世術のようなものである。

東京大学教養学部の文科Ⅱ類は、経済学部への進学が予定されている。もちろん、それは私が大学で経済学を学ぶ道を選んだことを意味している。書物の森を徜徉し、他者との触れ合いを通じて、私に経済学を学ぼうという意欲がわき上がってくるのは、茫漠としているけれども、高校も高学年になろうとする頃だと思われる。

話はさかのぼるけれども、私は埼玉大学教育学部附属幼稚園に入園した後に、埼玉大学教育学部附属小学校、同附属中学校へと進学をした。中学生の頃までは、私の興味の赴くままに、手あたり次第に書物を読み漁っていた。とはいえ、学校の成績だけは良かった。クラスで成績がトップでないことはなかったと記憶している。

その当時は学校の成績が良いと、級長などのクラスの役員に選ばれた。私は小学校の三年生から卒業まで級長を務めた。中学校では、二年生で生徒会の副会長に、三年生で会長に選ばれた。生徒会の仕事が夜遅くまでかかるため、帰宅後に好きな書物を読み、受験勉強をすると、睡眠時間は三時間ほどになってしまっていた。それでも中学三年生では、学年での成績はトップだったと思う。当時、埼玉県内の統一学力試験で、私がトップの成績だったと、千葉大学教授を務めた友人の伊藤谷生氏の御母堂は今でも言うけれど、私にはその記憶はない。

しかし、前述のように、幼き頃から死への恐怖に脅えてきた私にとって、友人との出会いのほうが大切であった。なかでも、後に日本医科大学の教授を務める里村克章氏との出会いは、大切な宝物である。死への恐怖について彼と語り合うことで、私は大いに救われたからである。

出会いは人生の方向性をも決める。文学への深い関心は、中学校で国語を教えてくれた荻原春雄先生との出会いの賜物である。荻原先生によって私は、国文法を徹底的に叩き込まれた。というよりも、荻原先生の道案内で、文法の面白さに引き込まれていく。一見すれば、文法は無味乾燥に思われる。ところが、荻原先生の手にかかると、文法で知的興奮が掻き立てられた。古文にしろ現代文にしろ文法についていえば、その後の教育で、荻原先生の授業の水準を凌駕する教育を受けたことがない。

私が現在、どうにか文筆による仕事に携われるのも、荻原先生の導きなしには考えられないのである。

それとともに、荻原先生は私を文学の世界に誘ってくれた。芥川龍之介に熱中していた私には、文学に「生」を導く教訓を見出そうとする傾向があった。荻原先生によって私は、現象を純化して表現しようとする文学そのものの価値に、眼が開かれたのである。

文学から哲学や社会科学へと私の関心が向かっていく上では、女性の教生（教育実習の学生）の先生との出会いが、私の人生に決定的な意義を与えている。しかし、私は恩知らずにも、その先生の名前すら明確には思い起こせない。女性の先生で須美先生という名前であったように記憶している。

彼女は私に対して情熱をもって指導してくれた。しかも、彼女は自分が関心をもって読んでいる本を、私にも読むように勧めて貸し与えてくれた。一冊ずつではなく、一度に四冊から五冊と貸してくれた。当初は歴史書が多かった。ところが、彼女から将来の夢を尋ねられた時に、生意気にも「現在、世界は混沌としているので、それを導けるような思想家になりたい」というようなことを応えた。そのため彼女が私に貸し与えてくれる書物の対象が、哲学や神学にかかわる分野へと拡大していくことになる。

もちろん、教育実習期間が終了すれば、教生の先生は教育学部の学生へと戻っていく。ところが、彼女は教育実習期間が終了しても私に書物を貸し続けてくれた。浦和駅の西口で先生と待ち合わせをして、借りていた本を返し、新しい本を借りるという行為が、月に一度程度の頻度で繰り返された。しかし、私が東京に所在する東京教育大学附属高等学校に進学すると、そうした習慣が自然消滅してしまったのである。

とはいえ、先生によって植え付けられた哲学と神学に対する深い関心は、中学から高校へ進学しても尽きることがなかった。哲学や神学の書物を読み漁るうちに、私の心を、ドイツの哲学者フォイエルバッハ（Ludwig Andreas Feuerbach）が捉えていく。幼い頃から死の影に脅えてきた私にとって、フォイエルバッハの死の思想に魅了されることは自然の成り行きかもしれない。

人間は避けることのできない死の恐怖に脅え、絶望のうちに生きていかざるをえない。死を克服し、生を意欲する道は、神を信じることだったに違いない。しかし、神も死んだとして、その存在が否定されてもなお、生を意欲する道を、フォイエルバッハの思想に見出すことができるように思えたのである。

人間の創造主が神なのではなく、人間こそ神の創造主なのであるというフォイエルバッハの思想に触れると、私は魂の救済を覚えた。しかも、人間が創造した神は愛の神であるとフォイエルバッハは指摘する。もちろん、人間的自己の本質、つまり類的本質を神に投影している。私が自我の目覚めとともに感銘深く学んだ、人間の本質たる類的本質が、愛と共同性にあるというフォイエルバッハの思想は、私の生涯にわたる思想の基盤を形成したのである。

とはいえ、フォイエルバッハの思想が私の満足を充足してくれたわけではない。フォイエルバッハは個人としての死が不可避であることを認めなければならないと唱える。その一方で、人類としては不滅であることを信じて、死を克服するように説いているように思えた。ところが、私には始めのあるものには、必ず終わりがあるとしか信じられなかった。終わりがなく永遠に続くのであれば、始めもないはずだからである。人間の歴史も始めがあった以上、必ず終わりがあるはずである。そうだとすれば、個人として死があるとしても、人類としては不滅であると信じ、死を克服することはできなかったのである。

フォイエルバッハへの私の不満は、フォイエルバッハを批判する思想へと関心を向かわせる。フォイエルバッハを継承しながら批判したのはマルクス(Karl Marx)である。私はマルクスの『経済学・哲学草稿』『ドイツ・イデオロギー』などを繙いた。マルクスはフォイエルバッハが神学から解き放ったヒューマニズムを継承しながら、人間を社会的諸関係の総体のうちに位置づけていない点を批判する。もちろん、マルクスは生産力と生産関係との歴史的展開のうちに、人間存在を解明しようと試みたのである。

マルクスを読み進むうちに、哲学や神学から社会科学とりわけ経済学への興味が浮かび上がってきた。しかし、マルクスのフォイエルバッハ批判に共鳴することはできなかった。人間が歴史的存在だとしても、人間は愛し合うこともなく、生産関係にのみ解消できる存在だとは思われなかったからである。生産力と生産関係のうちに人間存在を把握しようとするマルクスよりも、愛と共同性のうちに人間存在を捉えたフォイエルバッハのほうが、私には人間存在のより的確な把握と考えられたのである。

フォイエルバッハは「来世」に夢を見るのではなく、「現世」で遭遇する問題解決に挑み生きるべきだと教えているように、私には思えた。私が社会科学それも経済学に焦点を絞りながら学ぼうとしたのは、こうした問題関心からである。

人間は人間相互の関係を形成しながら、自然に働きかけながら生きていく。そうした人間が「現世」で生きていくという諸問題を、愛と共同性という類的本質から解き明かしてみたいと思い立ち、私は経済学への道を志したのである。

「大学紛争」と真理探究の場

変化への予兆は極く些細なものである。そのため大変化はある日、突然の如くに起こるという印象を受ける。前述のように、私が東京大学教養学部から経済学部に進学すると、「東大闘争」が突然、炎の如くに燃え上がった。

確かに、私が教養学部に在籍していた頃から、状況に異議を申し立てる学生運動は盛り上がっていたことは間違いない。しかし、学生運動が異議を申し立てた対象は、ベトナム戦争や日米安保条約改定など大学外部の状況に対してであった。ところが、経済学部に進学すると、大学内部の問題や学問への異議申し立てとしての学生運動が燃え盛っていく。しかも、政治問題への異議申し立てには、無関心だった広範な学生たちが参加していくことになる。

そうした光景を私は唖然として見つめていた。私が教養学部の頃の学生運動は、「全学連」つまり全日本学生自治会総連合を象徴的な存在として展開していた。「全学連」は日共（日本共産党）系と反日共系と大きく二つに分裂していたけれども、学生自治会を基盤にした運動であったことは間違いない。

ところが、私が教養学部から経済学部へと進学すると、時を同じくして学生運動の象徴は、「全学連」から「全共闘」つまり全学共闘会議へと大転換する。「全共闘」は学生自治会を基盤とした運動体ではない。東京大学では医学部インターン問題（医学部卒業生に課されていた「診療実地修練」の廃止を求める運動）を契機に結成され、「大学問題」をめぐる学生運動が燃え上がっていくことになる。

「大学問題」を提起して高揚した学生運動に、私は戸惑いを覚えた。私にとって大学は、自由に主体的に学ぶことのできる「解放の場」だったからである。大学に進学するまでの教育では、「教える者」と「教えられる者」とに分断され、「教えられる者」は孤立化して、競争を強いられていくという疎外感を感じたこともある。

しかし、それまでの教育とは打って変って、疎外や競争からの解放を、大学は私にもたらしてくれた。大学は「教える者」と「教えられる者」の共同作業の「場」であり、「教えられる者」同士も同じ使命感を抱いた仲間として連帯していく。これこそ私が大学生活の体験を通じて心に刻んだ感慨であった。そのため大学が体制に奉仕し、人間を疎外し、抑圧する役割を果しているという学生運動が提起した「大学問題」の指摘には、俄には賛同できなかったのである。

ボローニャやパリで一二世紀頃から誕生する大学は、「教える者」と「教えられる者」とが集うギルド的団体としてのウニベルシタス（universitas）である。神学、法学、医学、学芸の四学部にもとづく大学は、「都市の自治」とも呼ぶべき「大学の自治」を実現する。つまり、大学の政治権力から独立した真理探究の「場」として成立したのである。

駒場のキャンパスの大教室で、松田智雄先生が「西洋経済史」の講義で語るヨーロッパ中世における大学の形成過程は、私の心に響いた。政治的権力から自由にして、真理を探究する「場」として大学を形成するという人間の知恵は、現在の日本の大学に厳然と息づいていると私は実感していたのである。

大学は人間を疎外し、抑圧していく体制に組み込まれているかもしれない。しかし、現在の大学には権力から自由になって、真理を探究するという大学の原点も息づいている。大学に身を置く者の歴史的責任は、真理を探究するという大学の原点を充実させて、疎外し抑圧する体制に異議を申し立てることにあると、私は考え始めていた。

現在の大学には体制の一環として組み込まれているという個別歴史的意義と、権力から自由になって真理を探究するという普遍的意義という二つの側面があるはずである。むしろ「大学紛争」によって、大学の個別歴史的意義が膨らみ、権力の介入によって大学の普遍的意義が消滅してしまうのではないかと、私は危惧していたのである。

歴史の責任は結果責任で引き受けなければならない。「大学紛争」の結果として、大学が真理に忠実となって状況に対して異議を申し立てる場ではなくなり、体制のために知識を売り歩く場となってしまえば、「大学紛争」に身を置いた者として責任を引き受けなければならない。そのため私は、「大学紛争」にかかわることを敢えて回避した。もちろん、不作為の責任が生じることも重々認識していた。そう認識した上でも私は、「大学紛争」に対して傍観者の立場を維持しつづけたのである。

そうした私のスタンスは、大学が私の学問への好奇心を、期待以上に充足してくれたからにほかならない。哲学や神学から、経済学へと学問の舵を切った私は、経済学を志したとはいえ、マルクスの『経済学・哲学草稿』や『ドイツ・イデオロギー』などに眼を通す程度で、経済学の書物と本格的に格闘していたわけではない。そのため私は大学へ入学すると、渇いた喉を潤すように、経済学の書物を貪るように読み始めたのである。

玉野井芳郎先生による経済学への導き

学問では先達があらまほしい。私の経済学の先達は、玉野井芳郎《たまのいよしろう》先生である。それは東京大学教養学部に入学して、経済学の講義を玉野井先生から受けることになったというだけではない。私の高校時代の親友で東京海上火災で活躍された庄司庸夫《つねお》君の薦めもあって、玉野井先生のゼミナールに参加したからである。

玉野井先生のゼミナールに参加することで、経済学の古典の森を道に迷うことなく旅することができた。まず玉野井先生は人間の本性として、「交換性向」があるのかと指摘しながら、アダム・スミス(Adam Smith)の『国富論』を取り上げられた。しかし、冒頭の部分を読むと、次にはマルクスの『資本論』の第一巻を、「価値論のジャングル」に迷いこんでしまうなどと説明されながら、読み始めたかと思うと、すぐに第三巻の「必然の王国と自由の王国」に飛ぶというように、経済学の古典について次から次へと道案内された。

もちろん、私はその度ごとにアダム・スミスの『国富論』の全巻を揃え、途中まで読み進んだところで、マルクスの『資本論』の全巻を揃え、それを途中まで読み進むと、次の古典を購入するということを繰り返さざるをえなくなる。こうして私は、経済学史の権威であった玉野井先生という最良の先達の道案内で、経済学の古典を読むことができたのである。

とはいえ、私が玉野井先生のゼミナールに参加したことによる最大の遺産は、私が経済学を学んでいくための、過去から未来への道筋が浮かび上がってきたことである。玉野井先生が経済学の古典を次から次へと道案内されたのは、私がゼミナールに参加した時期が、玉野井先生が、不朽の名作となる『マルクス経済学と近代経済学』(日本経済新聞社、一九六六年)をまとめられている時期と重なっていたことと無関係ではあるまい。

玉野井先生の『マルクス経済学と近代経済学』の発刊は、私が参加した演習つまりゼミナールが終了した直後であった。『マルクス経済学と近代経済学』の「はじめに」で玉野井先生は、「この本をまとめるにあたって、大学での演習や学外の研究会その他でもつことのできた若い友人諸君とのディスカッションが、私の考えをつくってゆくうえの刺激と素材に役だったことを、感謝の気持とともに書きそえておきたい」との謝意を述べられている。私は心を動かされた。大学は「教える者」と「教えられる者」との共同作業によって、真理を探究する場だという確信は、玉野井先生の演習での経験を通じて形成されたことは間違いない。

『マルクス経済学と近代経済学』はマルクスの「変革のヴィジョン」の形成過程から説き始められている。ヘーゲル哲学から出発したマルクスは、フォイエルバッハの哲学を学ぶことによって、「変革のヴィジョン」を前進させていく。マルクスはフォイエルバッハの『キリスト教の本質』に共鳴し、「人間の自己疎外の回復という問題意識」を学ぶ。つまり、ヘーゲルが主張するように、キリスト教の神や絶対精神が自然や歴史を創造したのではなく、神や理念こそ人間の自己疎外の形態だとするフォイエルバッハの哲学に学び、マルクスは「自己疎外の仮面をはぎとることこそ哲学の任務である」との考えにいたったのである。

玉野井先生は一八四五年にマルクスが書いた「フォイエルバッハに関するテーゼ」の名句である「哲学者たちは世界をただざまざまに解釈してきただけである。しかし肝心なのはそれを変革することである」を引用しながら、マルクスの「変革のヴィジョン」は「人間個人としては有限であるが、類としては無限の存在であり、完全な本質である」という「根本的立場から導かれたものにほかならない」と解き明かされている。フォイエルバッハから経済学の道を志そうとした私にとって、私の経済学への志はどこから来たのかということについて、玉野井先生の教えによって整理されたことは間違いない。

しかし、私は人間が個人としては有限であるが、類としては無限の存在であるという考えには絶望していた。現在の科学を信じれば、類としても有限であるという厳然たる事実を認めなければならないと考えていたからである。とはいえ、私は生きる光明を、フォイエルバッハの愛と共同性という類的本質に見出そうとしていた。こうした問題関心から経済学を学ぼうとする迷える子羊は、どのように経済学を学んでいったらよいのか。そうした弱き学徒が現在から未来へと、経済学をどう捉えていったらよいのかという海図を、私は玉野井先生によって示していただいたのである。

もちろん、玉野井先生によって示された経済学を学ぶ道筋を、私は霧が晴れる思いで理解したつもりであるけれども、それを改めて表現しようとすると、霧に包まれたように摑《つか》み所のないものになってしまう。しかし、少なくともマルクス経済学と近代経済学という二つの経済学の潮流のいずれをも学ばなければならないけれども、いずれの経済学をも批判し、新しき経済学を模索しなければならない「転換期」に、自分が経済学を学ぼうとしているのだと認識することはできたのである。マルクス経済学も近代経済学も「転換期」にあるという認識の背後には、農業社会と工業社会を越え、新しい時代が開幕しつつあるという事実認識がある。開幕する新しい時代のイメージを共有するために、玉野井先生のゼミナールではアメリカの数学者ノーバート・ウィーナー(Norbert Wiener)のサイバネティクスに関わる文献を、熱き議論とともに読んだことを想い起こす。

こうした新しき時代への模索は、資本主義と社会主義を越えるヴィジョンの構想と結びつく。その頃の玉野井先生は、資本主義と社会主義との比較経済体制論の研究にも情熱を注がれていた。私の参加した当時のゼミナールでは、玉野井先生がポランニーについて明示的に触れられた記憶はない。しかし、玉野井先生が資本主義と社会主義を越えるヴィジョンを構想されているとすれば、その構想の基軸には「共同体」が位置づけられていることは容易に感じ取ることができた。

人間の長い歴史を通じて、市場が個人と個人との間で存在したことはない。市場は共同体と共同体との間で発生し、共同体を外側から包み込んで、小さく分裂させていく。共同体は現在では「最後の共同体」としての家族にまで分裂しているけれども、人間の生命は共同体に抱かれる必要がある。そう玉野井先生が共同体について語り始められると、そこに未来の視点からの共同体に対する熱き視線を感じ取ることができたのである。

私がゼミナールに参加していた時には、未だ鮮明にはされていなかったけれども、後に玉野井先生は「地域主義」を宣言される。私が後に地方分権の運動に携わっていくのも、玉野井先生の共同体への熱き眼差しを継承したからにほかならないのである。

私は玉野井先生から未来に向かって、共同体を含む非市場組織をも考察対象とする経済学を追求していく必要性を教示されたといってよい。マルクス経済学にしろ近代経済学にしろ、経済学は市場組織に考察対象を絞り込んできた。しかし、現代が遭遇している危機は、「経済というサブ・システムのなかの解決だけによって片付くものではないということは明白である」と玉野井先生は指摘されている。こうした教えに後を押され、私は教養学部から経済学部へと進学すると、むしろ非市場組織に焦点を絞った経済学を求めていくようになる。

というよりも、経済を社会全体のサブ・システムと捉える経済学の追求は、私の生涯を貫く課題となっていく。玉野井先生が非市場組織をも経済学の考察対象とする必要性を説くのは、経済学の考察対象たる経済を、自然・生態系の土台の上に位置づけ直す必要があると考えられるからである。私が環境問題にもかかわっていく基盤も、玉野井先生の教えの賜物である。

私にとって大学は学問への情熱を燃やす知的興奮の場であった。真理への探究という使命感を共有する「教える者」と「教えられる者」が、「学ぶ自由」と「教える自由」を享受する「学問の自由」の場であった。それだからこそ私は、「大学紛争」に対してアウトサイダーの立場を敢えて選択したのである。

加藤三郎先生の教え

東京大学経済学部はゼミナール制度を採用している。強制的ではないけれども、経済学の学生はいずれかの教員のゼミナールに所属することになっている。私が学部学生の頃には、ゼミナールに所属しない学生は、皆無という状態であった。

ゼミナールは週に一度開催される。午後の三時からゼミナールは開始されるけれども、私の所属した加藤三郎先生のゼミナールでは、終了する時は午後の七時か八時となっていた。後に私が東京大学経済学部に奉職した時にも、この伝統を守り、ゼミナールは午後の三時から八時頃までは開催することにしていた。

こうした教員の指導するゼミナールのほかに、参加する学生たちが自主的に集まり、「サブ・ゼミ」と呼ぶゼミナール活動が実施されていた。サブ・ゼミは一週間に一度は開催された。もっとも、私が学部学生の時代には、学園祭つまり五月祭にはゼミ単位で研究発表をしていたので、そのための準備が始まると、毎日のように開催されることになる。つまり、ゼミナールは少人数教育のための制度とともに、経済学部の学生生活を決定づけてしまう基軸的制度となっていたのである。

私は加藤三郎先生のゼミナールに所属した。ゼミナールのテーマは「日本経済と財政金融問題」であった。加藤三郎先生の担当する講座は、「日本経済論」であった。加藤先生は日本の財政学の泰斗である鈴木武雄先生と、師弟関係にある財政学の研究者である。したがって、私は財政学を学びたくて加藤ゼミナールを選んだといってよい。

もちろん、私が財政学を学ぼうと意欲したのは、玉野井先生の示唆に従い、非市場組織の経済学を学ぼうと考えたからにほかならない。それをメダルの裏側から表現することになるかもしれないけれども、マルクス経済学と近代経済学という経済学の二つのメイン・ストリームを超克しようとすれば、第三の経済学の流れとして、歴史学派の経済学を学んでおく必要があると認識したからでもある。

序章でも少し触れたが、歴史学派はフリードリッヒ・リスト(Friedrich List)、ロッシャー(Wilhelm Georg Friedrich Roscher)、ヒルデブラント(Bruno Hildebrand)、カール・クニース(Karl Gustav Adolf Knies)などの旧歴史学派と、ワグナー、ブレンターノ、シュモラーなどの新歴史学派に分かれている。新歴史学派は一九世紀後半の社会問題を背景にして、一八七三年に結成された「社会政策学会」に結集するため、社会政策学派とも呼ばれる。一九世紀後半にはワルラス(Léon Walras)、メンガー(Carl Menger)、ジェボンズ(William Stanley Jevons)による限界革命で新古典派の経済学も形成される。そのため一九世紀後半には、マルクス経済学、新古典派、歴史学派という三つの大きな経済学の流れが出現したのである。

社会政策学会に結集した新歴史学派は三つの潮流から形成されていた。一つは国家社会主義を唱えるワグナーに代表される右派であり、もう一つはフランスのコント(Auguste Comte)の社会学の影響を受けたブレンターノに代表される左派であり、最後の一つは社会政策学会のリーダーといってもよいシュモラーに代表される中間派である。新歴史学派は三つの潮流に分岐しているといっても、旧歴史学派から歴史的アプローチを継承し、国家介入により社会問題を解決しようとする点では一致していたのである。

財政学はこの新歴史学派から誕生する。財政学の大成者と讃えられるのは、新歴史学派で「国家社会主義」を唱えたワグナーである。ヘッケル(Max von Heckel)は、シュタイン、シェフレ、ワグナーを「ドイツ財政学の三巨星」として位置づけている。シュタインはドイツを訪れた伊藤博文を指導し、大日本帝国憲法の起草に影響を与えた法学者でもある。

経済学部に進学した私は、こうしたドイツで誕生した財政学を、加藤ゼミナールで学んでいくことになる。もっとも、加藤三郎先生の指導のもとに、加藤ゼミナールで学んだことは、財政学にとどまらない。財政学を越える経済学の全体像に、どのように接近していくかを学んだ。あるいは、社会全体を学問として把握していくには、どうアプローチしたらよいかを学ぶことができたのである。

東京大学経済学部３年生の時，加藤三郎先生（後列中央）のゼミ仲間と東大赤門前で．後列右端が著者（1968 年３月）

加藤ゼミナールでは熱気に溢れた議論が飛び交っていた。加藤三郎先生はいつも学生たちの白熱した議論のやり取りを静かに優しく聞いておられた。ところが、加藤先生がひと度、口を開かれると、混乱した議論の論点が見事に整理されてしまう。

学生たちの議論をまとめられる時には、加藤先生は正否を断じて、結論を示すようなことは決してされなかった。問題を秩序立てて体系的に示し、その上で背後を支える考え方を解き明かすにとどめられた。ゼミナールの参加者の誰もが、加藤先生のこうした考えを理解していた。つまり、加藤先生の説明を反芻し、問題の本質を把握しながら、問題解決への糸口を模索するのは、参加者それぞれの責任だという認識を、参加者全員が共有していたのである。

私たちは自由を謳歌していた。自由な議論を加藤先生はまるでオーケストラの指揮者のように、不協和音が生じないように導かれた。しかも、自由な議論を通じて、参加者のそれぞれが相互変容を遂げた。つまり、参加者のそれぞれが、他者の論理と自己の論理を交錯させながら、自己の論理を純化させることができたのである。

もちろん、ゼミナールの参加者は、ゼミナールのテーマである「日本経済と財政金融問題」という問題関心は共有していた。しかし、テーマにアプローチする視座は、ゼミナールの参加者の主体的選択に委ねられていた。加藤先生はゼミナール参加者が、多様な視座を培養するために、古典を熟読することを勧められた。古典を読みながら、現実の問題を見極める。それが加藤先生から教示された研究スタイルである。

実際、加藤ゼミナールは一学年の前半を古典の講読にあて、後半を参加者の個人研究発表にあてていた。古典の定義は難しい。とはいえ、長い年月の風雪に耐え読みぬかれてきた書物、あるいは読み継がれていくのであろう書物と理解しておけば充分である。

加藤先生はマルクスの『資本論』と、ケインズの『雇用・利子および貨幣の一般理論』を必読書として指定された。ケインズの『一般理論』は購入していなかったので、あわてて手に入れて読み始めた。『資本論』は既に、教養学部の時代から悪戦苦闘していた。「マルクスの経済学」の講義や「近代経済学」の講義を手掛かりに、入門書を参照しても二つの古典は、私にとっては克服し難い難解の書であった。

加藤先生が『資本論』と『一般理論』を必読書と指定されたのは、苟《いやしく》も経済学を学ぶ学徒の最低条件として、示されたことには間違いない。しかし、それは前述したように、加藤先生が、鈴木武雄先生の門下生であったことと無関係ではあるまい。

というのも、鈴木武雄先生はマルクス経済学も近代経済学も両刀遣いで駆使して、日本財政を分析されていた。その見事な分析は著書の『現代日本財政史』全四巻（東京大学出版会、一九五二―六〇年）に表れている。もっとも、マルクス経済学も近代経済学も駆使するという分析方法は確固たる方法論がないとして、「シェーマ（形式）なきシェーマ」と揶揄されたのである。

しかし、こうした分析方法から鈴木武雄先生は、現代資本主義では「財政の金融化」「金融の財政化」という財政と金融が融合していく現象が生じることを指摘されていく。それだからこそ、加藤ゼミナールのテーマは、「日本経済と財政金融問題」となっていたということができる。実は、「財政の金融化」「金融の財政化」という現象に、着目しなければならない現実が、私の大学入学と時を同じくして生じたのである。

それは、日本では第二次大戦後の均衡財政主義が崩壊し、一九六五（昭和四〇）年度から一般会計での国債発行に踏み切ったからである。加藤ゼミナールに学生たちが瞳を輝かせて結集したのも、そのためである。実際、加藤ゼミナールの五月祭の研究テーマは、「国債発行問題」だったのである。

加藤ゼミナールは毎年度、個人研究を発表し、それを論文として提出することにしていた。私は個人研究のテーマを、どうするかに迷いに迷った。「財政の金融化」「金融の財政化」という現象を念頭に、日本財政の本質に迫るにはどうしたらよいのか悩みながら、私は意を決して、日本開発銀行に焦点を絞って、財政投融資を取り上げることにしたのである。

鈴木武雄先生が『現代日本財政史』で分析対象とした時期以降の均衡財政主義のもとでの「財政の金融化」「金融の財政化」の現象を解き明かそうとすれば、昭和三〇年代の財政投融資に分析のメスを加えるしかないと考えたからにほかならない。昭和三〇年代には一般会計では均衡財政主義を維持しながら、郵便貯金などの金融的に調達した資金と、返済する必要のない租税資金とをブレンドし、市場金利を大幅に下回る低金利資金を創り出していく。そうした低金利資金を日本開発銀行を通じて、電力、海運、鉄鋼、石炭などの基幹産業に配分することによって、日本経済は重化学工業化していくことになる。こうした論旨の論文を、私は実証的に資料で裏付けながら、原稿用紙で一〇〇枚程度の論文にまとめ、三年次の個人研究として提出した。この論文が後に、私が大学院に受験する際に役に立つことになるとは、当時は知る由もなかったのである。

学びと挫折

経済学の三年生から四年生に進級する春を迎えるとともに、ゼミナール活動の運営が困難に陥っていく。というよりも、学び合う場としての大学の活動が危険に直面し、風前の灯となってしまう。もちろん、それは「東大闘争」によって、大学が封鎖状態となったからである。しかし、それでも加藤ゼミナールは紛争の最中でも、加藤先生を招いて「自主ゼミ」と称するゼミナール活動を続けたのである。

誰もが自己に忠実に生きている。しかし、結果は誰に対しても悲しみをもたらしている。「東大闘争」で傷ついていく多くの友人たちを眼前にして、恐れずに夢を抱いては挫折する青春の深い悲しみを、私は耐え難い思いで味わったのである。

青春は感動しやすい。初秋の夕暮れ時に、本郷キャンパスにある三四郎池のほとりを通り抜けようとすると、放心状態でさまよう人影に出合う。誰かと思えば、同じ加藤ゼミナールの安藤広君であった。何をしているのかと問うと、大塚久雄先生の「西洋経済史」を聴講し、その感動を夜風に吹かれながら冷やしているという。大塚久雄先生はマルクスの唯物史観に、マックス・ウェーバーの宗教社会学の方法論を取り込み、「大塚史学」と呼ばれる独自の学問体系を築いて、若き学徒の心を捕らえて離さなかった。しかも、片足を失われたために、松葉杖をつきながら和服姿で教壇に立ち、熱く語りかける講義に、青年たちは心酔した。誰もが純粋に感動し、いかに生きるべきかに苦悩する青春時代を過していたのである。

純粋な魂が、「大学解体」を叫ぶ「東大闘争」に巻き込まれると、突きつけられた問題提起を自己の「生」で、どのように受け止めるのかと悩み始める。「東大闘争」でどのように行動すれば、自己の歴史的責任を果せるかだけではなく、全生涯を通じて果す歴史的責任を考えて、生きることを志向するようになる。

しかし、いかに生き、いかに歴史的責任を果すのかを考えるとしても、学び合うしかない。そのため大学が封鎖されていて、学び合うには困難な状況であったけれども、加藤ゼミナールは学び合う活動を継続した。封鎖された大学は、学生が自主管理をしていることになっていたので、加藤先生を招いて、「自主ゼミ」を開催することができたからである。

「自主ゼミ」でも平常時の加藤ゼミナールと同様に、古典の講読を実施した。しかし、取り上げた古典は、「東大闘争」という状況を反映して、レーニン（Vladimir Il'ich Lenin）の『国家と革命』となった。権力への抵抗の論理として読むべき古典といえば、レーニンの『国家と革命』とグラムシ（Antonio Gramsci）のヘゲモニー論だろうと思われたからである。

とはいえ、『国家と革命』を講読していくと、国家の機能には階級支配の道具という機能に加え、共同社会を管理する機能が存在することが理解できた。革命によって死滅する国家は、階級支配の道具としての国家であって、共同社会を管理する機能は、死滅しないのではないかと、私は考えるようになってきた。それは財政学を専攻する者にとっての当然の結論かもしれない。

もっとも、非市場組織を研究対象とする経済学を志した私にとって、「国家論」の古典を講読する機会に恵まれたことは、国家を考察するよい機会となった。経済学では国家は扱い難い。『資本論』でさえ、国家は位置づけられてはいないといってよいからである。

しかし、学問の営為を継続可能にする環境は急速に失われていく。大学構内ではヘルメットを被り、眼が出るようにして手拭いで顔を覆い、武闘訓練と称して、握りしめたゲバ棒を、学生たちが剣道の稽古よろしく打ち合っていた。「自主ゼミ」を終えて、陽も落ち、漆黒となった大学内を抜けようとすると、私の歩く先に、大きな石が一つ二つと落下していく。見上げると、校舎の屋上にいる武装した学生が、私を目がけて投石をしている。暗黒の夜は、恐怖を煽る。武装して占拠している学生も、恐怖に脅えている。そのため近づく人影には、無差別に投石をしていたのである。

もちろん、命中すれば死ぬかもしれない。しかし戦場では、流れ弾にあたり、無名の人間が死んでいく。それが戦争というのだと、武装した学生たちはうそぶいていた。状況は逼迫していく。経済学部棟の地下室で、「自主ゼミ」を開催していると、窓ガラスが突然破壊され、武装した学生たちが乱入してくる。彼らは手にしていた白い粉を、私たちに浴びせた。浴びると眼が痛くなった。その白い粉は殺虫剤であった。私は期せずして、歴史の中では自己の存在が、虫けらの如くであることを経験したのである。

こうした事態は占拠していなかった経済学部棟を占拠すべく、「全共闘系」の学生が襲撃したことによって生じた。もちろん、私たちは脱出せざるをえない。しかし、鎮圧のために大学構内に突入してきた機動隊との挟み撃ちに合い、大学構内を逃げ惑うことになる。

歴史の流れの前には、個人の営みは無力である。とはいえ、歴史は無力な個人にも、歴史の中での決断を求めてくる。

「闘争」の後に

季節は巡る。大学が封鎖されてから、授業も試験も実施されないまま、夏が過ぎ、秋を迎える。封鎖を解除する解決の糸口は見出せないままである。もちろん、全共闘を支持する学生たちは、要求が実現しないとして、封鎖の継続を主張する。

しかし、封鎖を支持してきた学生の間にも動揺が広がっていく。封鎖を解除するか否かの意思決定が、人生をどう生きるかの意思決定と直結するからである。封鎖を継続すれば、進級も卒業も不可能となる。というよりも、既に封鎖を解除しても、遅きに失したのではないかとの不安が、忍び寄っていたのである。

私を含め多くの四年生が就職を内定していた。しかし、就職は翌年(一九六九年)の三月に卒業することが条件となる。そうでなければ、内定は取り消されてしまう。もちろん、私のようにひとまず就職を内定させてはいるけれども、秋に実施される大学院入試を受験して、学問を学ぶ道を歩もうとしている者もいた。しかし、大学院入試も実施される予定すら定かではなかったのである。

そもそも私は、大学を封鎖することに反対であった。とはいえ、俄かには封鎖解除に賛成することもしなかった。「東大闘争」にどのようにかかわれば、私の歴史的責任を果せるかが理解できなかったからである。私は結局のところ、時の流れに身を任せることになってしまったのである。

私はこうした苦悩を、同じ加藤ゼミナールに参加する氏家純一君と分かち合っていた。氏家君とは同じ加藤ゼミナールに所属することによって、知己となった。氏家君の明解な論理展開に魅了され、私は氏家君との議論に多くの時間を割くことになった。

氏家君は東京芝浦電気(後の東芝)の役員をされていた永井勝三氏の長男である。しかし、母方の祖父母の養子となり、氏家姓を名乗っていた。氏家君は後に野村證券の社長、会長に登りつめる。私が東京大学大学院経済学研究科長・経済学部長を務めていた時には、氏家君が筆舌に尽し難い支援をしてくれ、私にとっては生涯を支えてくれた友人となったのである。

氏家君はドイツ車を乗り回していた。三年生の時には、そのドイツ車で遠出をしながら議論をしたものである。ドイツ人が営む、氏家君お気に入りのドイツ料理屋が鎌倉にあった。私たちは氏家君の車で、よくそこを訪れて、議論をした。顔見知りとなったドイツ人の女主人が、「子どもはこれが出れば満足」といってアイスクリームを出してくれることが、私たちが議論を終える合図となっていたのである。

四年生になると、二人で湘南にドライブする機会はめっきり減った。それは氏家君が「東大闘争」の問題提起を真剣に受け止めようとしたからである。私は驚いた。氏家君の思想は、私よりも現実肯定的だと認識していたからである。

氏家君は封鎖継続を主張した。しかし、現実には封鎖が解除され、授業も再開されていく。通常の三月ではなかったけれど、翌年の六月には、卒業が実現する。氏家君の純粋な心は深く傷ついたはずである。

私と同様に氏家君も、学問の道を続けたいと願っていた。しかし、私も氏家君も内定していた日産自動車に進むことにした。先に紹介した安藤君も日産自動車に就職したので、同じゼミナールから三名も同じ会社に勤務することになったのである。

とはいえ、氏家君はあまりにも深く傷ついていた。私の記憶に間違いがなければ、入社した翌日に辞表を提出し、アメリカへの留学へと飛び立っていった。もっとも、会社は氏家君の退職を慰留し、正式に退社が認められたのは二年後のことである。

歴史的責任と知識人

「西のかた陽関を出ずれば故人なからん」と、唐代の詩人王維は歌う。しかし、陽関(前漢時代に建てられた西域交通の要衝となった関所)に立てば、故人つまり親しき友人がいないどころではない。見渡す限り砂ばかりで、この生命なき砂地の彼方に、人間の生活があるなどとは想像だにできない。それにもかかわらず、何故に人間は不毛な砂の彼方にも、人間の生活があると信じて旅立つのだろうか。それが陽関を、私が訪ねた際の感慨である。

私が経済学を学ぶ旅に旅立とうと決意したのは、死に対する不安というまったくの個人的動機である。不毛の砂地を前にして、それでもなお旅立とうとした心境であった。しかも、不毛の砂地を越えたところで、死に対する不安は克服できないことを覚悟した、絶望への旅立ちだったのである。

しかし、経済学を学ぶ旅を続けるうちに、私は歴史的責任を考えるようになっていた。歴史的責任を考えるということは、自己の存在を他者との関係で位置づけようとしているからにほかならない。もちろん、歴史的責任とは他者に対する責任を、引き受けることを意味するからである。

死への不安という孤立した存在の問題から出発しながら、他者への責任の自覚に帰結していく理由の一つは、仲間の存在である。それは人間は孤立した存在であるけれども、深いところでは結びつくことができると確信を抱く経験をしたからだといってもよい。

もちろん、「大学紛争」という特殊状況が、歴史的責任への自覚の促進要因となったことも、紛れもない事実である。「大学紛争」に身を置きながらも既に、「一九六八年」の歴史的意義を私たちは省察していた。つまり、一九六八年に学生運動が世界的に巻き起こった歴史的意義を、外側から評価されようとしていることを、渦中にいる者としても自覚していたのである。

確かに、人間は状況によって規定される。つまり、人間は歴史によって創り出される。しかし、歴史的責任を自覚するということは、人間が歴史を創り出すという側面を認識することである。したがって、ささやかでも歴史的責任を果さなければならないという使命感が、人間には生ずるのである。

しかも、私たちの学生時代が、実存主義が一世を風靡した時代であったことも、私が歴史的責任を認識するにいたったことと無関係ではない。死への不安に脅えていた私が、『死に至る病』を著したキルケゴール(Sören Kierkegaard)を読み漁り、実存主義へと関心を向けていくのは不思議ではないはずである。もっとも、私はキルケゴールと同様に、哲学と神学を学び、死を省察したフォイエルバッハに引かれ、経済学を目指していくことは、既に述べたとおりである。しかし、キルケゴールを足掛かりにして、実存主義の世界へも足を踏み入れていくことも事実である。

しかも、私は高校時代からカミュ(Albert Camus)を読み漁り、その「不条理の哲学」に共感していた。不条理の世界に生きているからこそ、より一層「生」を意欲できるという思想は、絶望しながら生きようとする私を、奮い立たせてくれた。しかし、カミュとサルトル(Jean-Paul Sartre)との論争(一九五一年に刊行されたカミュの『反抗的人間』をめぐる論争。佐藤朔訳『革命か反抗か――カミュ＝サルトル論争』講談社、一九六八年として翻訳されている)に触れながら、私は実存主義でもサルトルの思想に関心を深めていくことになる。学生運動の高揚とともに、一九六六(昭和四一)年にサルトルが来日すると、多くの若者の心を捉えたように、私もサルトルの思想を学び、歴史的責任を考えていくことになる。

アンガジュマンというサルトルが提起した概念は、歴史に拘束されながら歴史を創り出していく人間の歴史的責任を語る言葉として、私たちの世代の心を捉えたのである。

「一人でも自由ではない人間がいる限り、われわれは自由ではない」というサルトルの言葉は、私が歴史的責任を引き受けようとする時の基本理念となっている。疎外されている人間の解放に努めるのは、疎外されている人間を解放するというよりも、疎外されている人間の存在によって疎外されている私自身のためなのである。

もっとも、私はサルトルの『方法の問題』や『弁証法的理性批判』などに眼を通していたものの、難解でどれだけ理解できていたのかは自信がない。したがって、サルトルの著作を読み込みながら、私なりの歴史的責任を考えてきたといったほうがよいかもしれない。

歴史的責任は、状況全体に対して、結果責任で取るべきである。私は「東大闘争」の渦中に身を置きながら、そう思いいたっていた。しかし、結果責任からいえば、「東大闘争」は有罪である。「大学解体」が実現したかもしれないけれども、真理を探究する場としての大学を解体してしまったからである。

もちろん、傍観者的行動をとった私も有罪である。私が大学紛争を支持しなかったという弁明は、歴史的責任を問う場合には何の弁明にもならないからである。私は状況に対して無罪どころか、共犯者なのである。

私は学問を続けたいという情熱を抱きながら、大学を去らざるをえなかった。学び合いの場であったはずの大学が解体され、崩れてしまったからである。私が学問を続けたかったのは、私が「知識人」になりたかったからである。もちろん、「知識人」とは真理に忠実に生きる人間である。大学は真理を探究する場である。その場に身を置き、自己が見出した真理に、忠実に生きるのが「知識人」である。真理は必ず状況を否定する。そのため「知識人」は、必ず状況を否定して生きなければならないのである。

これに対して、大学で真理を探究する営みを通じて修得した「知識」を、売り歩く人間は「知識人」ではない。それは単なる「知的技術者」にすぎない。私は大学から身を引かざるをえなくなったと覚悟を決めながらも、「知的技術者」ではなく、「知識人」になろうと心を決めたのである。

職業は演技にすぎない。自動車の組立工らしく振る舞えば、自動車の組立工なのであり、自動車のセールスマンらしく振る舞えば、自動車のセールスマンなのである。もちろん、大学の教授らしく振る舞っていれば、大学の教授ということになる。

しかし、人間はどのような演技をしていようとも、その人間をその人間たらしめている「点」のようなものがある。「点」には長さも面積もない。ただ位置だけを示している。その人間の位置だけを示す「点」のようなものが、人間にはあるはずである。人間は妥協して生きていかざるをえないけれども、それは自己の「点」を失わない限りにおいてである。自己の「点」を失うような妥協は、もはや妥協ではないと、私は自分に言い聞かせていたのである。

大学で学問を続けられる状況にはない。私は大学を去ることを決意したけれども、自分の「点」は、「知識人」になることだということを忘れまいとした。そうした決意を胸に、私は一九六九(昭和四四)年、大学を後にし、日産自動車へ就職することとなったのである。

第4章

人が生きる場に真理を求めて

——大学を離れて生産の現場へ

日産自動車でのセールスマン時代

プレゼントされた『人間の條件』

人間との出会いには一期一会があるように、書物との出会いにも一期一会がある。つまり、書物にも悔いのないように、大切にしたい出会いがある。

私は一九七一(昭和四六)年六月に、妻の和子と婚約をした。先に紹介した高校時代の親友である庄司庸夫君が、「ジューン・ブライドだね」といって、自宅に招待をして祝ってくれた。庄司君がその時に、「婚約のお祝い」としてプレゼントしてくれたのは、五味川純平の『人間の條件』(第一—六部、三一書房、一九五六—五八年)の全巻である。

私は既に、五味川純平の『人間の條件』全巻を熟読していた。というよりも、大学生時代に『人間の條件』を読むように奨めてくれたのは、ほかならぬ庄司君なのである。しかも、庄司君は『人間の條件』の主人公である梶のモデルと噂されている人物が、東京大学で工業経済の講座を担当している隅谷三喜男先生であることを、懇切丁寧に解説をしてくれたのである。

『人間の條件』の主人公・梶は、徴兵を免れるために満州へ渡り、軍需会社の鉱山の労務管理に就く。しかし、中国人捕虜の不当な処刑に抗議して憲兵と対立し、検挙され拷問を受けるなどする。やがて召集によってソ満国境の警備に就くが、ソ連軍との戦いで部隊は壊滅。梶は捕虜となるが、脱走し、妻の美千子を求めてさまよい、最後は雪の原野に埋もれて死んでしまう。

私は庄司君が敢えて、『人間の條件』をプレゼントしてくれた意図に思いを巡らした。というのも、私が隅谷先生をモデルとした五味川純平の『人間の條件』に感銘を受けて日産自動車に就職し、労務管理に従事していることを、庄司君は十二分に認識していたからである。

そう考えれば、庄司君が婚約のお祝いとして『人間の條件』をプレゼントしてくれた意図は、『人間の條件』の主人公・梶夫婦が、戦時体制という過酷な状況のもとでも貫いた純愛に学べという点にあるに違いない。あるいは人生で出会った、自分の大切にしなければならない「一期一会」の書物を再度、読み返しながら、婚約という新しい人生の船出にあたって、自分の人生の「点」を省察するようにと示唆してくれたのかもしれない。

『人間の條件』の主人公・梶も、そのモデルといわれる隅谷先生も、「満州」で労務管理に従事している。もっとも、私が研究者への道を断念して、日産自動車で労務管理に従事することを志すのは、雪の原野に死す梶よりも、隅谷先生の人生に学ぼうとしたからである。隅谷先生は大学を卒業しても失業状態にあったけれども、「社会の〈最底辺〉」に身を置きたいと考え、「満州」の昭和製鋼所に就職をする。つまり、就職に際して隅谷先生は、「中国人労働者の中で働きたい」と望み、労務管理に従事されたのである。

昭和製鋼所では『調査彙報』の編集者であった栗田茂氏(ペンネームが五味川純平)からの依頼で、隅谷先生は「満州労働問題序説」という研究論文をまとめ上げている。『調査彙報』というのは、満州中央銀行が満州国内の産業や戦時統制経済など多岐にわたって調査した報告書である。この研究論文は『調査彙報』に掲載されただけではなく、隅谷先生が日本に帰国された際に、東京大学経済学部の大河内一男先生が主催する研究会で議論されている。つまり、隅谷先生は労務管理に従事する傍ら、研究活動も着実に継続されていたのである。

私は隅谷先生の人生を導き糸にしながら、自分の身を労働の現場に置き、労務管理に従事しようとした。昭和三〇年代であれば、労働問題を抱えた労務管理の現場といえば、労働集約的な石炭鉱業だったに違いない。ところが、私が就職した昭和四〇年代になると、労働問題を抱えた労働集約産業といえば、重化学工業の戦略産業である自動車産業となっていた。そこで私は、日産自動車に就職をし、労務管理に従事することにしたのである。

隅谷先生の人生に学んだといっても、私は隅谷先生のように研究活動を継続していたとはいいがたい。そうした私を叱咤激励する意味で、庄司君は『人間の條件』を私に贈ることにしたのかもしれない。

隅谷三喜男先生の生き方に学ぶ

隅谷先生は第二次大戦の終戦とともに、一九四六(昭和二一)年八月に日本へと引き揚げられる。東京大学経済学部を訪れ、舞出《まいで》長五郎《ちょうごろう》先生や大河内一男先生に、勉強をしたいなら、経済学部の助手に応募するように勧められる。隅谷先生はそれに応募し、めでたく採用されることになる。「私は齢三十にして人生の方向を転換し、研究者としての途を歩むこととなった」と回想されている(隅谷三喜男『激動の時代を生きて——一社会科学者の回想』岩波書店、二〇〇〇年)。

話は前後するが、私の場合は、労働の現場を徘徊したのち、一九七五（昭和五〇）年に日産自動車を退職する。私は東京大学経済学部に加藤三郎先生を訪ねた。加藤先生は「大学も正常化し、研究のできる態勢が整い始めている。学問を学び直したいなら、今からでも遅くはないから、大学院に応募するように」と勧めて下さった。そこで、私は大学院を受験することにしたのである。

大学院の入試は、まず筆記試験がある。それに合格すると、研究論文を提出する権利が与えられる。研究論文を提出して、面接試験を受けて合格すると、晴れて大学院への入学が許可されることになる。

隅谷先生が助手に応募した際の応募条件は、研究論文の提出にあった。しかし、隅谷先生は研究論文としては前述した「満州労働問題序説」しかなかったので、それを提出したそうである。

私は幸運にも筆記試験に合格したので、研究論文を提出する権利が与えられた。しかし、研究活動を継続されていた隅谷先生でさえ、研究論文は「満州労働問題序説」一つであった。私のように研究活動を中断していた者には、当然のことながら提出すべき論文などない。そこで、前述した学部学生時代に提出した日本開発銀行に関する研究論文が、非常に良い出来栄えだったと言われていたので、それをもとにまとめ直して提出することにした。

論文を提出した後の面接試験には、経済学部の応用部門の先生方が顔をそろえていた。この面接試験の主査、つまり司会をされたのは、なんと隅谷先生だったのである。

私は運命的な出会いを感じた。隅谷先生はいつも柔和な笑顔を湛えられている。しかし、私が面接を受けた時の隅谷先生の笑顔は、私にはいつにも増して、優しく感じることができた。そのため私は心の安寧を乱すことなく、面接試験を終えることができたのである。

私は大学院の入試に合格をした。つまり、私も隅谷先生と同様に「齢三十にして人生の方向を転換し、研究者としての途を歩むこととなった」のである。

研究者の道を歩み始めたといっても、私の研究対象は財政学である。隅谷先生は労働経済の大家である。そのため私は隅谷先生から直接、学問的指導を受ける機会はなかった。とはいえ、私は隅谷先生から貴重な体験談を拝聴する機会に恵まれ、隅谷先生は私の人生の先達であり続けられたのである。「東大闘争」で機動隊導入を決断された時の経験談は、繰り返し拝聴した。しかし、私の脳裏に深く刻まれていることは、隅谷先生が真理に忠実に生きるために、生命を懸けても暴力に屈することがなかった体験である。

一九三七(昭和一二)年に矢内原忠雄先生が平和主義者という理由で、東京帝国大学経済学部の講壇を去らざるをえなくなる。矢内原先生は無教会主義のキリスト教徒・内村鑑三の門下生であり、新渡戸稲造先生の講座の後継者である。もちろん、隅谷先生もキリスト教徒である。

しかも、一九三八(昭和一三)年には、後に私が財政学の講座を引き継ぐことになる大内兵衛教授をはじめ、有沢広巳助教授、脇村義太郎助教授が治安維持法違反で検挙されてしまう。さらに追い打ちをかけるように、一九三九(昭和一四)年には平賀譲総長による「平賀粛学」(東京帝国大学経済学部教授の河合栄治郎先生の著書が発禁処分となったのをきっかけに、経済学部内での対立が激化し、対立するグループの中心にいた河合先生と土方成美先生を平賀総長が休職処分にした事件)が断行され、一三名におよぶ経済学部のスタッフが辞任を余儀なくされたのである。

平賀総長は経済学部教授会が自治能力を喪失したとして、舞出長五郎経済学部長にかわって、自ら経済学部長事務取扱いになってしまう。翌一九四〇(昭和一五)年には、東大生だった隅谷先生が治安維持法で検挙され、三カ月間拘留されてしまうのである。

第二次大戦の敗戦とともに、一九四五(昭和二〇)年九月二五日付をもって舞出経済学部長が復帰し、経済学部教授会も再建されることになる。それだからこそ、東京大学経済学部長の任期は、一〇月をもって始まっていたのである。

隅谷先生の体験に想いを馳せる時、私は隅谷先生に導かれて生きたなぞとは口が裂けてもいえない。私に出来ることといえば、学問の自由への弾圧と抵抗を語り継いでいくことぐらいである。

東京大学経済学部では一〇月に始まる学部長の任期を維持することが困難な事情が生じた時でも、それを乗り越え、一〇月に始まる任期を維持してきた。それは学問の自由への弾圧を語り継ぐためでもある。後に私が学部長に就任した時(二〇〇三年一〇月)にも、この一〇月に始まる任期を維持することを宣明にした。ところが、二〇一七(平成二九)年に経済学部長の任期は、学問の自由への弾圧を忌まわしい記憶として消し去ろうとするかの如くに、四月に始まるように改められてしまう。私は天に召された隅谷先生に、何と報告したらよいか、ただ呆然として立ち尽くすばかりであった。

労働の現場に身を置いて

話を私の大学卒業後のことに戻すと、労働の現場に身を置くという隅谷先生の考えに導かれながら、私は日産自動車に就職をした。自動車産業を選択したのは、自動車産業こそ現代の労働の現場の典型だと考えたからだということは、既に述べたとおりである。

「東大闘争」によって卒業が六月末日となったため、日産自動車への入社は一九六九(昭和四四)年七月一日付となった。短期間の入社教育の後に、七月入社の新入社員は工場実習として、実際に工場の現場で労働者として二カ月ほど働くこととなっていた。実習とはいっても、工数に事実上、算入されていた。工数とは人員と時間との積で示される仕事量である。その当時の自動車産業は深刻な人手不足で、工数が確保できないような状態となっていた。したがって、工場実習といっても、現場で作業に従事する従業員と、まったく同様の労働を遂行したのである。

私は自動車の組立工場である追浜《おっぱま》工場(神奈川県横須賀市)の組立工程に配属された。つまり、自動車産業における最も典型的な労働である、流れ作業で自動車を組み立てるという作業に従事したのである。

自動車工場は組立工場とユニット工場に大きく分かれる。ユニット工場とは、車軸工場では車軸を、機関工場ではエンジンをというように、文字どおり自動車のユニットを生産する工場である。そうしたユニットを自動車という完成品に組み立てていくのが、組立工場である。

組立工場の作業のすべてが流れ作業というわけではない。例えば、自動車の車体を構成する鋼板を、プレスで成型する圧造工程は、一定の数量ごとにまとめて生産するロット生産でおこなわれる。ただし、私の配属された組立工程は流れ作業である。流れて来る車体のフレームに、次々に部品を取り付けていき、自動車を組み立て完成させていく工程である。

その当時、「自動車絶望工場」という言葉が広まっていた。ジャーナリストの鎌田慧氏が自動車工場に期間工として潜入取材をして、まとめたノンフィクション『自動車絶望工場』（現代史出版会、一九七三年）が話題となっていたからである。確かに、自動車工場で働く従業員を採用すると、一年間に三割程度が退職してしまう。三年間ほどすると、採用した従業員のほぼ三割程度が残り、そのまま横這いで定着するという状態であった。そのため当時の労務管理の最大の課題は、退職をいかに喰い止めるかという「定着性対策」にあったのである。

とはいえ、退職していく要因は、自動車産業の労働の肉体的過酷さにあったとは、必ずしもいえない。肉体労働として力仕事を必要とするということからいえば、自動車産業よりも造船産業のほうが上である。職務を遂行するスピードといえば、家電産業のほうが早い。もっとも、自動車産業はある程度の力仕事が要求され、ある一定程度のスピードが要求されるが故に、肉体労働として過酷なのだといえば、そうかもしれない。

しかし、私が組立工として労働した経験からいえば、肉体労働としての過酷さよりも単調さが、退職の要因になっているように思われた。確かに、労働を始めて一週間ほどは、楽ではなかった。しかも、夏の工場は蒸し暑く、塩を舐めながら、仕事をせざるをえなかった。とはいえ、一週間すると、もう仕事のベテランになってしまう。工場実習の最後には、私は新入の従業員に、作業を教える仕事も仰せつかったほどである。

流れ作業のタクトつまり速度は、一つの作業を二分から三分程度で遂行する速度であった。例えば、前輪のタイヤと後輪のタイヤを、それぞれエアー・ツールで取り付け、最後にスペア・タイヤをトランクに投げ入れる作業を、二分から三分で実行することになる。しかし、こうした作業を生涯繰り返すかと思えば、誰でも自己の人生の意義を問いたくなるはずである。

孤独な労働を実感

さらに私が現場体験から実感したことは、組立工程の作業は孤独な作業だということである。朝の八時からラインが動き始め、夕方の六時までラインは動く。当時は労使の合意のもとに、二時間の残業が恒常化していたからである。

作業者はラインが動いている限り、他者と話をする機会はない。作業者はただ黙々として、孤独な作業を続けることになる。もちろん、昼食時間には急いで従業員食堂に走り、食事時間を確保するのが精一杯である。休憩時間も作業者が一斉に押し寄せる洗面所で、排泄をすませる以外の余裕はない。もっとも、日産自動車では従業員に一日一本の牛乳を配給していたので、それを休憩時間に飲むことが、唯一のゆとりだったといえるかもしれない。

もちろん、休日にはラインは止まる。しかし、当時はモータリゼーションの波に乗り、自動車の注文に製造が追いつかない状態であった。そのため休日出勤も、日常茶飯事となっていたのである。

しかも、当時の自動車産業の勤務は、昼夜二交代制を採っていた。朝八時から夕方六時までの昼勤を一週間勤務すると、次の週は夜八時から朝六時までの夜勤となる。このようにして自由時間が少ない上に、人間と人間との触れ合いのない孤独な時間を過さざるをえないのである。

現代の労働は孤独で寂しい。それが私の労働体験からの実感である。人間と対話することもなく、ただ機械のリズムに合わせて生きることが強制されている。そうした孤独と寂しさに耐えられなくなれば、退職に走るのも当然ではないかと実感したのである。

私が子どもの頃に農作業をしたことは、既に述べたとおりである。しかし、農作業は自然の生命のリズムに合わせて労働する。しかも、単調な作業の繰り返しではない。家事労働も部分的に分断された単純な労働を繰り返すわけではない。

ところが、現代の工場労働は違う。生命のリズムではなく、機械のリズムに合わせ、同じ労働を繰り返す。しかも、人間と触れ合い対話することもなく労働する。もちろん、工場には人間が溢れている。それにもかかわらず、作業者は孤独なのである。それが工場実習から、私の学んだ現代の労働なのである。

工場実習が終ると、正式に配属される。私は当然のことながら、労務管理を希望した。その希望が叶えられ、私は本社の第一労務課に配属されたのである。

当時の日産自動車の組織編成では、それぞれの事業所つまり工場ごとに人事を所管する人事課がある。本社には人事課と第一労務課、第二労務課がある。第二労務課は、本社で働く従業員の人事管理を所管する部署のことである。それに対して本社の人事課は、全社の事務・技術員つまりホワイト・カラーの人事を総括し、第一労務課は全社の現業員、つまりブルー・カラー(工場の労働者)の人事を総括することになっていた。したがって、私が第一労務課に配属されたということは、現業員の人事管理つまり労務管理を、本社として管理する職務に従事することを意味していたのである。

こうして私は、晴れて労務管理に携わることになった。ところが、私は工場実習を体験したとはいえ、労務管理の対象になる工場労働の実態を充分に認識しているわけではない。私は再び現場体験を希望した。それが受け入れられ、半年間にわたって工場労働の現場を体験する私の教育プログラムが、作成されたのである。

この半年間の教育期間に、私は追浜工場と村山工場（現・東京都武蔵村山市）で現場体験をすることになる。私は現業員つまりブルー・カラーの寮で、現業員とともに生活をした。こうした経験を通して、私は工場実習で実感した現代の労働の孤独と寂しさを再確認し、労務管理の職務を遂行していくことになる。

人間的な労働を求めて

現代の労働の「悲しみ」を、どのようにしたら「分かち合う」ことができるのか。それが戦略産業たる自動車産業で労務管理を担うことになった私の使命だと、私は自分に言いきかせた。しかも、現代の労働の「悲しみ」を「分かち合う」ことこそが、人間の解放であり、人間の解放は私自身の解放であると、私は自己認識をしたのである。

それは青年期にありがちな傲慢さに満ちた自己認識だったに違いない。そうした青年の傲慢さは、現実によって裏付けられ、挫折を味わっていくことが世の常である。そうだとすれば、企業における労務管理で、労働の「悲しみ」を「分かち合う」ことによって人間の解放を夢みることなぞ、夢のまた夢として挫折することが、眼に見えていたといえるかもしれない。

ところが、現実は違っていた。労務管理が「人間的な労働を求めて」遂行されることを、時代状況が要求していたからである。それは前述したように、当時の労務管理の最大の課題が「定着性対策」にあったからにほかならない。

先進諸国とりわけヨーロッパの労務管理では、アブセンティーズムつまり無断欠勤への対応が、焦点となっていた。現代の典型的労働は、機械を連続的に配置し、それを自動化させる流れ作業となっている。それはチャプリンが映画「モダン・タイムズ」で見事に描いたように、機械に従属化した単純労働であり、人間を愚弄するような人間の非人間的使用方法である。

ところが、こうした人間の非人間的使用方法を実行すると、「労働からの逃走」が生じる。そうした「労働からの逃走」現象がアブセンティーズムだといってもいいすぎではない。自動化された生産工程は飛躍的に生産性を上昇させるけれども、アブセンティーズムは自動化された生産工程の致命的欠陥を露呈させていく。

というのも、自動化された生産工程では、生産工程のどこか一カ所でアブセンティーズムが生じると、全生産がストップしてしまうからである。つまり、欠勤率だけ生産が減少するというのではなく、全生産の停止に追い込まれるのである。

そうした事実に対応するには、アブセンティーズムを勘案し、余裕率を見込んだ人員を配置しなければならなくなる。そうすると、人件費は膨張する。しかも、アブセンティーズムを防ぐために、賃金そのものも、引き上げざるをえなくなってくる。ところが、賃金を引き上げても、アブセンティーズムを抑止する効果は、必ずしも認められなかったのである。

日本ではアブセンティーズムが生じなかったわけではないけれども、労務管理上の致命的な課題としては認識されなかった。というよりも、日本では「労働からの逃走」がアブセンティーズムよりも、退職という行動で噴出することになる。大量退職が「日本型アブセンティーズム」とされ、「定着性対策」が労務管理の焦点として浮かび上がったのである。

もっとも、大量退職には大量採用をもって、対応することができる。実際、日産自動車では大量採用を実践するために、本社の人事部門に雇用対策本部を設けていた。雇用対策本部には通常の人事部門に匹敵する規模の人員が配置されていた。もちろん、工場ごとにも現在でいえば非正規従業員となる見習従業員、アルバイトにあたる期間工、さらには季節工などを、恒常的に採用する体制が採られていたのである。

大量採用をすれば、賃金は上昇する。新規学卒者の賃金も上昇していくけれども、日本的労務管理による年功序列賃金のもとでは、新規学卒者の賃金引き上げには限界がある。現在では考えられないことだが、非正規の見習従業員、期間工、季節工の労働市場は、いわばスポットの市場となるため、賃金は鰻登りに上昇する。そのため給与だけからいえば、入社八年目の正規従業員と逆転しかねない状況さえ生じていたのである。

しかも、賃金を引き上げても、大量退職に歯止めはかからない。大量採用には限界があり、大量退職に歯止めをかける「定着性対策」に本格的に取り組まざるをえなくなり、日産自動車では第一労務課がいわば「司令塔」となっていて、私はそこに配属されたのである。

私は現場体験を通じて、「労働からの逃走」が生じる要因を充分に理解していた。分断化されてベルトコンベアに張りつけられた労働は、人間同士が会話することもない孤独な労働である。人間は本来、生きるために自然に働きかける時には、人間同士が協力し、共同作業としての労働を遂行するはずである。

ところが、工場では自然のリズムではなく、機械のリズムに合わせて、黙々として労働しなければならない。ギリシャ神話の眠らざるアルゴスのように、機械は眠ることもない。人間は内なる自然である生理に反して、夜の帳《とばり》に抱かれようとも、機械のリズムに合わせて労働しなければならないのである。

前述したように、私は第一労務課に配属されると、半年間の教育プログラムにもとづいて、再び労働の現場へと戻っていく。この教育プログラムの目的は、「定着性対策」を策定していくために、「労働からの逃走」の要因について身をもって学ぶことにあったのである。

私は工場労働に従事する従業員と同じ寮に入って生活をすることによって、その「悲しみ」を共有できたと実感していた。それはチャプリンが「モダン・タイムズ」で描いたように、発狂して人間的でなくなるまで、機械の指示に従うことに耐えなければならないという「悲しみ」である。そのため会話をする誰もが、退職しようと考えているように思われた。もちろん、その当時は労働力不足が深刻化していて、退職をしても求職に不安を感じることがなかったことも、条件となっていたことは間違いない。

こうした体験からすれば、非人間的労働を人間的労働に転換していくことこそ、「労働からの逃走」を阻止する「定着性対策」の核心となる。それこそが第一労務課で取り組まなければならなかった労務管理の課題だったのである。

人間としての労働者

私が配属された第一労務課の課長は、増島光雄氏であった。教養の幅と深さがあり、人格高潔な人柄に、私はたちまちのうちに虜《とりこ》になった。増島夫妻は私たち夫婦の媒酌人でもある。後に私が日産自動車の退職を申し出た時には、自分は名ばかりの媒酌人ではないとして、私の身を案じて駆けつけて下さったのである。

増島氏は大学の卒業者ではなかった。しかし、俳句をたしなみ、絵画を描き、音楽を演じ、芸術活動にも精通する教養人であった。そうした学問的教養の深さにも、心を打たれた。すべてを働きながら、身につけられた苦労話に、私は感動しながら聞き入ったものである。

増島氏は日産自動車だけではなく、他社の人事管理や労務管理の研修の講師として引っ張りだこであった。人事管理や労務管理を語る花形産業が、鉱業から自動車産業へと衣替えをしたからでもあるけれども、増島氏個人の人的能力によるところのほうが大きい。増島氏は研修で講師をする際には、私を必ず同行させた。私は増島氏の人間的側面を重視した人事管理や労務管理の講演を真剣に学ぶとともに、自分でも人事管理や労務管理の書物を繙いていく。

人事管理や労務管理を学んでいくうちに、私は増島氏の講演が後期人間関係論に裏打ちされていることを知るようになる。私も後期人間関係論に魅了され、人間的な労働を求める労務管理を模索する導き星としたのである。

オートメーション化された経営の管理は、科学的管理法あるいはテーラー・システム（Taylor System）と呼ばれる管理方法にもとづいていたといってよい。労働を動作研究と時間研究によって細分化し、作業量を設定して、生産性の向上を目指していく管理方法である。それをメダルの裏側から表現すれば、人間の労働を機械という労働手段に従属させることによって、生産性を高めていく管理方法だと表現できる。もちろん、こうした科学的管理法によって、分断され単純化された非人間的労働にモラールを喪失し、「労働からの逃走」が生じることになる。

このような労働者のモラールの喪失に対応するために、メイヨー（George Elton Mayo）やレスリスバーガー（Fritz Jules Roethlisberger）による人間関係論が登場する。一九二七年から一九三二年にウェスタン・エレクトリック社のホーソン工場の組立ラインで実施された「ホーソン実験」によって、モラールを高めるためには作業条件よりも、職場における人間的要素のほうが重要であるということが明らかにされる。

こうした科学的管理法へのアンチテーゼとしての人間関係論の流れから、後期人間関係論が形成されてくる。ここで後期人間関係論とはマグレガー（Douglas McGregor）やハーズバーグ（Frederick Herzberg）の経営管理論を指している。いずれもアメリカの心理学者マズロー（Abraham Maslow）の欲求段階説を前提にしながら、展開された経営管理論だといってよい。

マズローの欲求段階説によると、人間の欲求は生理的欲求、安全欲求、社会的欲求、自我欲求、自己実現欲求というように、低次欲求から高次欲求へと段階的になっている。そのため食欲などの生理的欲求や、安全欲求などの生活に必要不可欠な低次の欲求が充足されてしまうと、いくら賃金を引き上げても、高次欲求を求めるようになり、モラールが上昇しないことになる。

もっとも、高次欲求が目覚めるためには、低次欲求が安定的に充足されていなければならない。賃金を引き上げても、大量退職に歯止めがかからない状況のもとで、「人間的な労働を求めて」労働管理のあり方を模索していた私にとって、というよりも第一労務課のスタッフにとって、後期人間関係論は労務管理の指針となった。つまり、モラールを向上させ、大量退職を抑止する「定着性対策」とは、高次欲求を充足していく労働管理を目指さなければならないと認識されたのである。

高次欲求のうち社会的欲求とは、いわゆる仲良しであり、仲間を形成したいという欲求である。自我欲求とは仲間からの承認の欲求であり、最高位に位置づけられている自己実現欲求とは、自発的創意を発揮し、自己の能力を実現していくという欲求である。こうした高次欲求の充足なしには、モラールの向上は困難だと考えられたのである。

その当時の労務管理に決定的な影響を与えた経営管理論は、マグレガーのX理論とY理論である。X理論とは科学的管理法が前提にしているような人間観にもとづいた従来からの経営理論を意味している。つまり人間は本来、怠け者だという人間観にもとづいた経営管理論である。

X理論では人間は本来、怠け者だとして、アメとムチによる管理が主張される。つまり、賃金の引き上げなどのアメと、命令や処罰などのムチとで、労働者を働かせなければならないと考えることになる。

これに対してY理論では、人間は本来、働き者であって、目標に対して献身したいと願っているという人間観に立脚している。そのため労働者がモラールを喪失しているとすれば、それは動機づけが適切ではないからだと考える。私たちはY理論にもとづきながら、高次欲求を充足するという適切な動機づけが可能な労務管理を模索して、苦悩していたのである。

私は大学時代に学んだ経営管理論を手掛かりにしながら、後期人間関係論を中心に経営管理論を研究した。というよりも、私にとって第一労務課自体が「学びの場」となっていた。既に述べたように、第一労務課の増島課長は、私にとっては後期人間関係論の道案内人であった。この増島課長のもとに、第一労務課の総括職として、東京大学出身の片山聖三氏が任にあたられていた。この片山氏のもとに一橋大学出身の関根竜夫氏がいて、その部下として私がいるというスタッフで、「定着性対策」を構想していたのである。

労働者の学び合いの場を設置

自動化されている自動車工場の単純労働そのものを廃止することは困難だったので、ジョブ・ローテーション（職務歴任制）やジョブ・エンラージメント（職務拡大）を推進した。さらには私の現場体験からいっても、工場労働者は孤独で寂しく、社会的欲求を充足していない。そこで作業そのものでは無理だとしても、作業時間外でQC（Quality Control 品質管理）サークル活動や、業務改善の提案活動などを奨励する施策を展開したのである。

しかし、私も参加して第一労務課のスタッフが実現した後期人間関係論にもとづく労務管理の最も重要な施策は、それぞれの工場ごとに認定職業訓練校を設置したことである。私が日産自動車に入社した一九六九(昭和四四)年に職業訓練法が改正され、労働者の職業能力の開発と向上のために、職業訓練さらには技能検定が充実強化されていく。

この法律改正によって、民間企業でも認定を受ければ、職業訓練校を開設することが可能になる。しかも、修了すれば、技能士補の資格を授与されることになる。これに第一労務課の片山総括が着目し、工場ごとに認定職業訓練校を設置することを企画したのである。

この企画が実現すると、高校を卒業して技能工として工場の現場に配属されると同時に、それぞれの工場に設置されている認定職業訓練校に入校したことになる。職場で労働に従事するけれども、残業はせずに、認定職業訓練校で機械工学などの講義を受けることになる。つまり、入社すると、認定職業訓練校の訓練生となり、職場の労働は訓練生としての実習と見做されるのである。

この認定職業訓練校の全社的導入は実現する。これによって訓練生は、学生時代と同様の学び合うという社会的欲求が充足できる。しかも、二年間の認定職業訓練校の課程を修了すれば、組立工のように熟練がない作業に従事していても、技能士補という資格を取得することができる。もちろん、修了後に技能士の資格取得を目指して努力すれば、技能検定によって一級あるいは二級という技能士の資格の取得が可能となる。つまり、自分で目標を設定して、自発的に成長することによって、自我欲求や自己実現欲求を充足することができると考えられたのである。

労働の現場に身を置き、人間的な労働を求めた私にとって、第一労務課に配属され、職業訓練校の導入に携われたことは、望外の幸せであった。認定職業訓練校のプロジェクトが動き始めた頃、一九七三(昭和四八)年に石油ショックが起きる。この石油ショックは自動車産業の生産にとって、危機的な状態をもたらす。石油を初めとする資源価格の急激な上昇は、原材料価格の値上げとともに、資材や部品の量的調達をも困難にしてしまったからである。

そのため私は人事部門を離れ、川又克二会長の直轄の資材部品調達推進チームへと転属することになった。新しき職場での危機対応の職務のために、私は俄かに産業連関表などの計量分析を学ばなければならなくなる。とはいえ、私の所属はあくまでも第一労務課にあったため、石油危機の収束とともに、第一労務課に戻り、しばらくして横浜工場の人事課に転勤することになったのである。

読書と愛と

「一日一時間でよいから、必ず毎日、古典を読むように」。これは学窓を巣立つにあたって、私が加藤三郎先生から贈られた言葉である。加藤先生はなんと容易な課題を課すのかと、愚かにも私は考えていた。しかし、会社生活を始めると、日にわずか一時間の古典を読む時間を確保することが、いかに困難なことかを実感する。会社に勤務すると、自由時間は「待ち時間」しかなくなってしまう。つまり、一つの仕事から次の仕事へと移っていくための「待ち時間」しか、自由時間が見出せなくなったのである。

「待ち時間」には古典を読むことすらむずかしい。というのも、古典は熟慮しながら、一つのまとまりを読みこなさないと理解することが困難だからである。ところが、「待ち時間」に読める書物といえば、いつ途中で読むことを止めたとしても、惜しくないような書物に限られてしまうからである。

この加藤先生の言い付けを、私はどうにか守ることができたつもりである。確かに、後期人間関係論をはじめとして、職務遂行に必要な書物にも眼を通した。しかし、加藤先生の言い付けである古典を毎日、少なくとも一時間は、腰を落ち着けて読むことに、私は努めていたのである。

加藤先生に伺った話では、私が日産自動車を退社すると告げた時に、不安ではなかったかと、加藤先生が私の妻に尋ねたそうである。その時に妻は、「いいえ、私は主人がどんなに遅く帰宅した時でも、必ず机に向かって勉強をしていたことを知っていましたから」と応えたという。私はその話を加藤先生から聞かされた時に、胸が熱くなり、慟哭することを禁じえなかったのである。

妻の和子は私の憧れであった。この世にこれほどまでに優しく美しき女性《ひと》がいるのかと信じられなかった。その美しき女性が、私の職場に現れて、私を目指して近づいてきた。彼女は柔和な微笑みを浮かべながら、「長い間、お世話になりましたけれども、本日をもって退社いたします」と私に告げ、雅やかに頭《こうべ》を垂れたのである。

私は感動と絶望のうちに言葉を失った。役員の秘書ではあったけれども、同じフロアに勤務していたので、会えば言葉を交わしていた。というよりも、彼女は秘書になる前は、私と同じ人事部門に勤務していたのである。

彼女が私のところに足を運んでくれたこと自体、私にとっては感動であった。しかし、彼女の愛らしい口元から溢れる別離の言葉に、私は絶望の淵へと追い落とされたのである。

落語で恋煩いといえば、食事も喉を通らず、見るも無残な状態に陥る。それは事実である。私も彼女の別離の言葉に、食事にも手がつかず、眠りにつくこともできずに、生きていることが不思議な状態に落ち込んでしまったのである。

巡り会うこともない、永遠の別離に耐えることができずに、私は妻に手紙をしたためた。それはただ素直に、会ってもらえませんかと、懇願する手紙であった。愛の女神の心優しき計らいか、なんと彼女は、私の願いを聞き届けてくれたのである。

彼女に会うと、私は恋に落ちたというよりも、私の恋煩いは一層、深刻な状態に陥った。彼女の純真な心に、私の心が奪われてしまったからである。その彼女が私に対する好意を、「こんなにも人を好きになることができると思わなかった」と表現して告白してくれた瞬間に、私は死への恐怖を克服することができたのである。

先にも述べたとおりに、私は妻・和子と一九七一（昭和四六）年六月に婚約をした。しかし、結婚式は一年半後の翌七二年一二月三日に挙げることにした。この間に私は名古屋でセールスマンとして出向することになったからである。

出向で知るセールスマンの悲しみ

その当時の日産自動車では、大学卒の社員は、入社して二年経つと原則として全員、販売店へセールスマンとして出向することになっていた。出向する期間は、教育期間を含めると一年半弱となる。実際には、セールスマンの人員不足を補うという目的が濃厚だった。もちろん、セールスマンとして出向することに対して、当事者である社員の抵抗感は強い。そのため私のように人事部門に配属された人間は、日産自動車の販売シェアが最も低い名古屋（当然のことながら、トヨタ自動車のシェアが圧倒的に高い）などの販売店に率先して出向することになっていたのである。

私は日産サニー愛知という販売会社に出向し、セールスマンとしてサニーという小型車を販売することになった。私は人事部門にいたので、同じ販売会社に出向した二十数名の責任者となっていた。出向者の悩みは深い。とりわけ、技術者にとって頭脳の柔らかな時期に、技術者としての職務とはほど遠い販売に従事することへの苦悩は深刻だった。私は、そうした出向者の悩みに耳を傾けることになる。

そもそもセールスマンという現代の仕事には、いろいろな悲しみがある。それは、製造の現場における労働の悲しみとは質の違う、比較しがたい悲しみであった。大量生産・大量消費という現代の産業構造の中で、生じている特有の悲しみだったと表現してもよい。

見ず知らずの家を、片っ端から販売のために訪れる「飛び込み」と呼ばれる行為は、かなりの心理的な苦痛をともなう。こうした「飛び込み」を最低でも一日五〇軒はこなさなくてはならない。「飛び込み」に暮れる毎日には、悲しみを覚えざるをえない。

私は暇さえあれば、名古屋から東京に行き、妻となる和子と会っていた。和子とともにいる時のために、私は生きているのだと実感した。そのため和子とともに過ごすことのできないことが、私の悲しみのすべてとなっていたのである。

ところが不思議なことに、私は名古屋でトップセールスマンとなっていった。自動車を販売した後には、その販売先をあまり訪れないほうがよいといわれていた。というのは、クレームなどの対応に追われてしまい、新規の顧客の開拓ができなくなってしまうおそれがあるからである。

しかし、私は逆の行動に徹することにした。購入してくれた顧客を定期的に訪れ、自動車の使用状況を確認して、誠実にアフターサービスに努めることにしていた。そのせいか、購入してくれた顧客が、新たに購入してくれそうな顧客を紹介してくれた。そうしたこともあって、私は日産サニー愛知でトップの売り上げをあげ、当時の日産自動車の川又克二会長から有効賞を授与されることになったのである。

結婚による新たな歩み

寒き冬に結ばれた愛は、永遠に壊れることがないという諺《ことわざ》がある。私は出向から戻ると、一九七二（昭和四七）年一二月三日という寒き日に和子と結婚をした。私は昨日よりも今日のほうが、確実に妻・和子を強く愛することができるようになったと実感して生きて来ることができた。早く彼女の笑顔に会いたい。そう願いながら、生き続けることができている。

妻・和子は結婚すると、美しき緑の黒髪を切った。彼女は母親を愛していた。彼女の母親は彼女の長い黒髪に、毎日のように櫛を入れた。彼女にとって長い黒髪は、母の愛の証だったのである。その美しき長き黒髪を彼女は切った。彼女はこれまでの人生を捨て、ただ私のために尽くす人生を歩みたいからだと、その決意を私に語ったのである。

決意の言葉どおりに、妻は私に尽くす人生を歩んできた。というよりも、二人で歩む人生で背負う

1972 年 12 月，東京都千代田区の学士会館で結婚式を挙げる

重い荷物は、自分が持とうと妻は決意していた。それは私を手軽にして、自由に生きていけるようにするためである。実際、二人で旅行をする時などに、妻が重い荷物を持つ。私が重いものは男が持つものだといっても、妻は応じないので諦めて、妻に持たせることになってしまう。

通勤の時には、妻は私の重い鞄を抱えて、必ず駅まで見送ってくれる。雨降り、風吹こうともである。夜遅く帰宅しようとも、必ず起きて待っていて、私の心を癒すために、優しき微笑みで迎えてくれる。

私の妻の旧姓は長谷川和子という。一男三姉妹の末子である。経済的には恵まれていたわけではなく、両親が働いていたため、子どもの頃から三姉妹で家事万端を担っていた。そのため妻は、私がただただ畏敬するほどの働き者である。家事万端を巧みにこなし、料理学校に通ったわけでもないのに、母親仕込みの料理の腕前には、ただ驚くばかりである。

もちろん、私も妻・和子のために生きている。私の認識する状況の諸現象の中心には必ず、妻・和子が存在している。妻が重い荷物を持ち、自由に生きよと励ましてくれているからこそ、私は古典を読み、好きな研究を続けることができたのである。

妻・和子は私の人生のすべてである。私を愛しているといってくれた、たった一人の女性であり、私の愛した、たった一人の女性である。私は女性にとって、何の魅力もない存在である。そのような存在である私を、妻が愛したということは、私の外形ではなく、私の「点」を愛したからにほかならない。それは妻が生きていくために、私の「点」が必要だということを意味している。二人が互いに生きていく上で「必要」だという関係が形成されるということは、二人の関係が「必然」だということにほかならないのである。

もちろん、私も淡い思いを抱いた女性がなかったわけではない。しかし、妻以外に私と真剣に向い合い、生命を懸けて愛してくれた女性はいない。

学生の頃には身の程知らずにも、私は女優の浜美枝さんに淡い思いを抱いた。通院していた病院の待合室で、ふと目にした雑誌に綴られた、バスの車掌から女優になるまでの彼女の半生記を読んで、その誠実な「生」に感動したからである。

私は浜美枝さんの映画を観るというよりも、彼女の綴る文章を追い求め、ラジオから流れる彼女の美しき言葉に耳を傾けた。彼女は驚くべき読書家である。多忙な仕事を続けながらも、寸暇を惜しんで読書する彼女の姿を思い浮かべながら、私自身を励ましたものである。

古民家を箱根に移築して住まう浜美枝さんの生活は、自然のなかで書を読みながら暮らすことを求めてきた私の理想の生活でもある。その浜美枝さんから、私の著作を読み感動したので、自分のラジオ番組に出演してほしいとの依頼を受けたことがあった。それは私が既に、東京大学の教授に就いていた二〇〇一年頃の出来事だったと思う。

私は心を躍らせ、彼女の待つラジオのスタジオに足を運んだ。佇《たたず》まいも声も気品に溢れ、豊かな教養に包まれた素晴らしい女性だった。その優雅な女性が手にしていた私の著作には、夥《おびただ》しい数の付箋がつけられていた。私の拙い著作を、これほどまでに心を込めて、ていねいに浜美枝さんが読んでくれたことに、私は心を熱くしたのである。

番組の収録が終ると、心優しき浜美枝さんは、美しき穏やかな笑顔を湛えながら、私を見送ってくれた。それもスタジオの出口ではなく、わざわざ放送局の玄関のところまで見送ってくれた。甘く切ない別離を味わいながら振り向けば、浜美枝さんは深々とお辞儀をしたままであった。

私は日産自動車に勤務していた時でも、古典は静かな書斎で読むことにしていた。しかし、シモーヌ・ヴェーユ(Simone Weil)の『工場日記』だけは、工場の現場で労働をしながら読んだ。その当時の追浜工場の人事課には、私の中学校の先輩でもあった、七海《ななみ》耕一氏が勤務していて、その七海氏に『工場日記』を貸したことがある。そのことを忘れてしまった頃、七海氏が東京大学の私の研究室に返却をしにきてくれたので、自分が油の臭いの立ち込める工場で、『工場日記』を読んだことを懐かしく想い起こすことになったのである。

サルトルは、ルノーの自動車工場で労働者として働くシモーヌ・ヴェーユを、真実に忠実に生きなければならない知識人としての任務放棄だとして批判した。私はサルトルの批判を念頭に置いて、工場労働に従事しながら、シモーヌ・ヴェーユの『工場日記』を読み続けた。労働者と同じ境遇に身を置かなければ、状況の真実は見えてこないと信じて、自分は工場の現場に身を置いている。しかし、それは自分がなろうとしている知識人にとって、任務放棄になるのではないかと悩むことになる。魂は彷徨しながら、私は古典を読み、仕事を続ける生活を重ねていくことになったのである。

「担雪塡井」と「スローライフ」の教え

「担雪塡井《たんせつてんせい》」とは禅宗の教えである。それは雪を担いで、井戸を埋めても、雪は溶けてしまい、むなしい努力なのだけれども、そうした無駄な努力こそ大切なのだという教えである。

この「担雪塡井」という言葉は、連合（日本労働組合総連合会）の事務局長だった草野忠義氏の座右の銘である。二〇一二年の没後に出版された自叙伝のタイトルともなっている（『担雪塡井――小さな自分史』二〇一二年）。

草野氏は私にとって兄のような存在だった。日産自動車に入社して、私は希望どおりに、労務管理を総括する第一労務課に配属された。しかし、第一労務課は労務管理のうち重要な採用管理を担当していない。それは雇用対策本部が担っていたからである。というよりも、労働力不足経済に対応するために、第一労務課の採用管理を、雇用対策本部として独立させて強化したといったほうがよいかもしれない。そのため第一労務課の増島課長は、雇用対策本部の課長をも兼務し、そのもとで草野氏が勤務していたのである。

私は採用管理についていえば、草野氏の薫陶を受けることになる。草野家は大分県の日田《ひた》市の名家である。日田の草野氏の実家は重要文化財に指定されている。草野氏に連れられて九州に採用にいくと、重要文化財の草野家に泊めていただいた。そのため、日田の鵜飼いが灯す幻想的な漁火《いさりび》の追憶とともに、草野氏の「担雪塡井」という教えは、私の心に深く刻まれている。

日田への幻想的追憶は、ジャーナリストの筑紫哲也氏の追憶に結びつく。というのも、日田は筑紫氏の故郷でもあり、筑紫氏は日田をこよなく愛していたからである。筑紫氏は日田で「自由の森大学」を主催していた。一九九四(平成六)年、同市の市民らが文化による町おこしを目指してつくった市民大学で、永六輔氏や宮崎駿氏など、様々な分野で活躍する多彩な文化人が訪れて講演などを行った。

私も筑紫氏に誘われて、日田を訪れる機会に恵まれる。筑紫氏は、一九九九(平成一一)年に開学した県立の長崎シーボルト大学でも同様の講座を開催していた。そのため筑紫氏に連れられて、私は長崎へも学びの旅をすることになる。

しかし、筑紫氏が草野氏と同様に私にとって人生の先輩となったのは、筑紫氏にスローライフ運動に誘われ、参加することになったからである。地方分権運動で私を導いて下さっていた、朝日新聞で政治部記者を務めていた川島正英氏と筑紫氏は、スローライフ運動を展開すべく、スローライフ学会を立ち上げる。私は筑紫氏から、自分が会長になるけれども、学問がないので私に学長になってほしいと懇願された。もちろん学問からいえば、筑紫氏のほうが私より優れていることはいうまでもない。しかし、筑紫氏の熱意に打たれ、スローライフ学会学長を引き受けることにしたのである。

スローライフ運動はイタリアで始まったスローフード運動に端を発する。グローバリゼーションによってアメリカのライフスタイルが強制され、イタリアの文化が崩れていくことへの抵抗運動である。つまり、アメリカのファストフードに対して、イタリアの食文化を守る運動がスローフード運動である。筑紫氏はスローフード運動を食文化だけではなく、生活様式としての文化全般に広げようと、スローライフ運動を立ち上げていく。

スローライフ運動を展開しながら筑紫氏は、単一の価値観のみを掲げる原理主義の危険性を常に指摘していた。つまり、多様な価値観が存在することを前提にしたうえで、相互変容をする議論の大切さを説いていた。これを筑紫氏は、福沢諭吉の『文明論之概略』に学び、「多事争論」と表現をして、好んでコラムのタイトルに使用していた。自己の価値観を相対化する大切さを、私は筑紫氏から「生」を共にすることによって学んだのである。

「点」を失わないための決断

転機は突然生じる。私の日産自動車での転機は、増島第一労務課長が座間工場の総務部長に栄転されたことにあるといってもいいすぎではない。別離の日に増島氏が私に「何を悲しそうな顔をしている」と活を入れるほど、私は落胆していたのである。

増島課長のもとでは、後期人間関係論にもとづく労務管理が展開された。ところが、増島課長が去った後、後期人間関係論の労務管理は反転する。つまり、Y理論からX理論へと逆戻りをし、アメとムチによる労務管理が復活してしまう。もっとも、こうした労務管理の逆流現象は、単に増島課長の人事異動という人的要因にのみ起因するわけではないと考えられる。

私は増島課長が去った後、第一労務課に在籍していたといっても、石油ショックの勃発とともに、川又会長直轄の資材部品調達推進チームへと配属されることは、既に述べたとおりである。石油ショックによって生じたスタグフレーションは、日本経済の構造変化をもたらす。それは「黄金の三〇年」と讃えられた重化学工業化による高度成長経済が終焉を告げたからである。

重化学工業化による高度成長経済のもとでは、重化学工業の戦略産業である自動車産業における労務管理の最大の課題は、定着性対策である。それ故に、人間の人間的使用方法を追求する後期人間関係論が、第一労務課における労務管理の指針たりえたといってもよい。

ところが、石油ショックによって高度成長が終焉を告げるや、労働不足経済も解消されていく。そうなると、定着性対策は労務管理上の課題として認識されなくなってしまう。その結果としても、後期人間関係論の影響力が急速に失われていくのである。

資材部品調達推進チームから第一労務課に戻ると、私は自己の思想とは相反する行動を余儀なくされていく。私は自己の「点」をも喪失するのではないかと、苦悩することになる。

既に述べたように、「点」には長さも面積もない。ただ位置だけを示している。人間にも「点」がある。つまり、その人間の位置だけを示す「点」のようなものが存在する。古典を読み、学問を学ぶという行為は、自己の「点」の意義を充実させようとする行為にほかならないのである。

職業は演技にすぎない。私のように就職をしてから職務を転々とすると、それを実感する。自動車の組立工らしく演技をしていれば、自動車の組立工なのであり、自動車のセールスマンらしく演技をしていれば、自動車のセールスマンなのである。

しかし、いかなる演技をしていても、その人間をその人間たらしめている「点」があり、それには変わるところがない。人間は妥協することなしには生きてはいけない。しかし、妥協は人間の「点」

を失わない限りのものであって、人間の「点」を失うような妥協は、もはや妥協ではないのである。

私はこのまま労務管理を担当する会社員として演技を続けると、自己の「点」を失うのではないかと苦悩した。もちろん、自己の「点」を失えば、自己の存在が否定されてしまう。私は自己の「点」を失うのであれば、毅然として演技を止めなければならないと決意していたのである。

そう苦悩していた私は、本社の第一労務課から横浜工場の人事課へと転勤になる。工場という現場の労務管理に転勤になったことは、私の「点」を失うのではないかという不安を和らげた。というのも、工場という現場の労務管理では個別に生じる問題解決に取り組むため、自己の思想にもとづいて行動できる余地が生ずるからである。

しかし、私は横浜工場人事課で、労働組合の青年部の本部役員となってしまう。工場という現場の人事課は多忙である。経営的な人事管理に加えて現場では予期せぬ問題が発生し、その対応に追われるからである。そこに青年部の活動が加わると、休日がないどころか、睡眠時間すら確保できなくなってしまった。もちろん、私には学問の時間を確保しなければならない義務もある。そうなると、当然のことながら健康を害してしまう。しかし、健康を害してもなお、職務を休むことはできない日々が続いたのである。

前述のように草野忠義氏の教えは、「担雪塡井」である。草野氏は一九七三（昭和四八）年に座間工場の人事課から労働組合の専従役員になり、休みのほとんどない日々を過ごしたと回顧されている。しかし、「担雪塡井」を座右の銘とする草野氏は、まさに「担雪塡井」という生き方をされていく。

私は草野氏のように「担雪塡井」という生き方を選ばなかった。私は自己の「点」を失わないために、演技を止めるという道を選んだ。というよりも、自己の「点」の意義を充実させる学問をするために、自己の肉体を維持する道を選んだのである。

私は妻・和子と、既に結婚をしていた。私の人生は私だけのものではない。ともに生きる妻と二人のものである。私は妻に退職の相談をした。人生の岐路における妻の答えはいつも決まっている。「あなたの信じる道を生きて。私はあなたに尽し、あなたを支えますから」である。そこで私は日産自動車を退職した。一九七五(昭和五〇)年四月末日のことである。

第5章

経済学は何をすべきか
——研究者への道

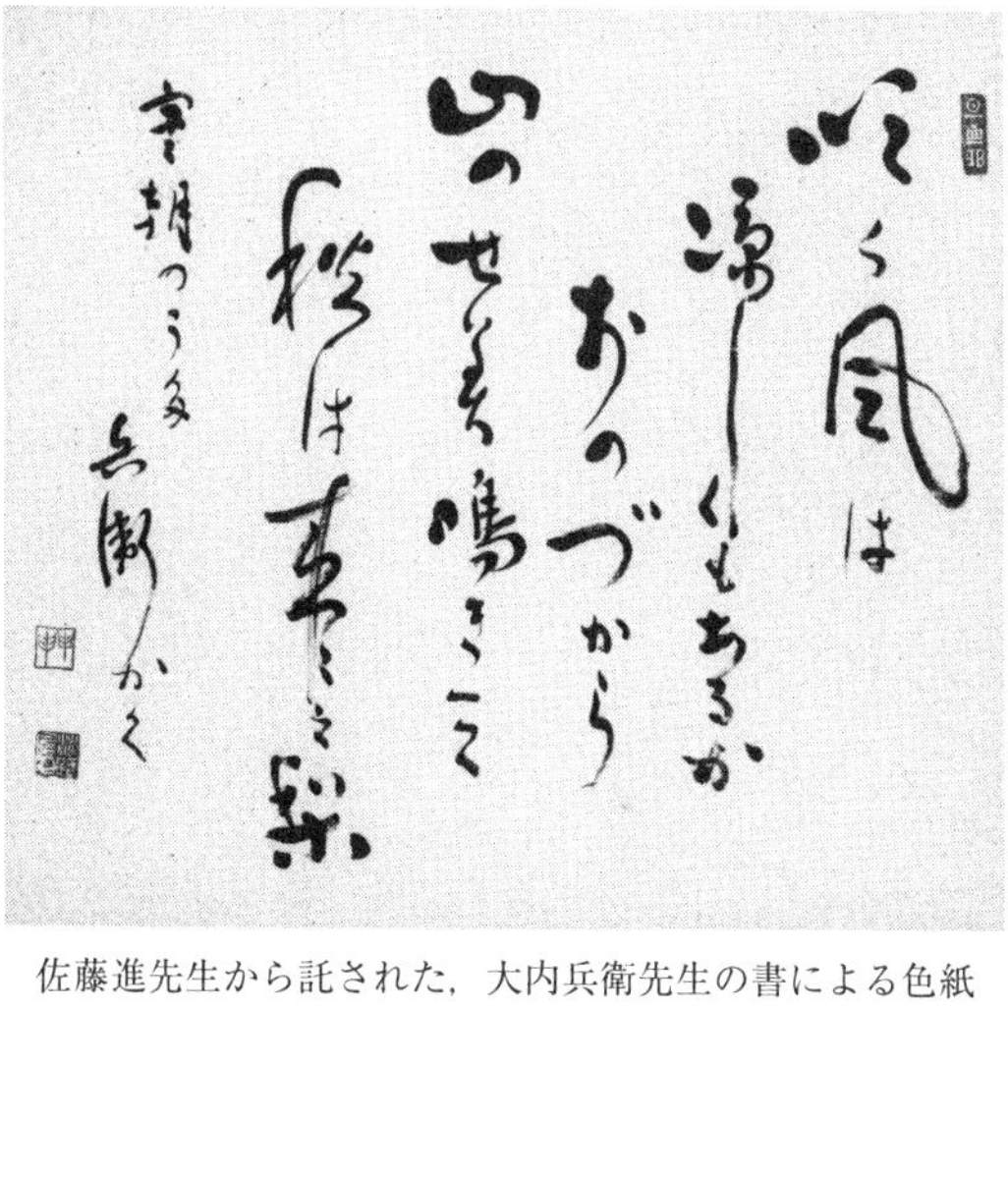

佐藤進先生から託された，大内兵衛先生の書による色紙

「学ぶということに遅いということはない」

冬の寒さがいくら苛酷でも、必ず春は巡り来る。そう信じて生きてこれたのは、私が心優しき人々と「生」を共にすることができたからに違いない。母にいわせれば、それは亡き祖父が、私の人生を取り計らってくれているからだということになる。

私ほど恩師に恵まれた人間はいない。その深い恩を、私は生きているうちに、返せそうにはないので、自分の教え子に返そうとしている。しかし、それすら儘《まま》ならないでいる。

前述のように私は、一九七五（昭和五〇）年四月末日をもって、日産自動車を退社した。退社すると、恩師の加藤三郎先生を訪ねた。東京大学のキャンパスは初夏の緑に覆われ、静かに熟慮する場としての落ち着きを感じた。加藤三郎先生の研究室のドアを開けると、窓から明るい日差しが差し込むとともに、爽やかな緑の風が吹き抜けたのである。

加藤先生は私に、「東大闘争」の混乱も収まり、大学院も研究を落ち着いてできる状態に戻ったので、学問をする志があれば、戻るようにと勧められた。その時の加藤先生の「学ぶということに遅いということはない」という言葉は、私の終生、大切にしている希望の言葉となったのである。

もちろん、大学院に合格するためには、大学院の入学試験に合格しなければならない。当時は現在と違って、大学院の入試にわずか二〇名程度しか合格しなかった。しかも、私が大学を卒業してから、あまりにも長い年月が過ぎ去っていることなく学問を続けていたとはいえ、それは大学院の入試に役立つような勉強ではない。もちろん、受験勉強に残されている時間は、ごくわずかである。私は必死に受験勉強をした。朝から晩まで椅子に座り続けて受験勉強をしていると、歩行をすることが困難になってしまった。そこで学生時代の習慣で、喫茶店であれば、受験勉強が可能だろうと、昼食後は喫茶店に行き、一時間程度の読書の時間を設けることにしたのである。

受験勉強のなによりの安らぎは、妻・和子の笑顔である。一九七二（昭和四七）年の寒き冬に結婚した妻は、貧しいけれども暖かい家庭に育ったせいか、経済的に恵まれなくなっていくことに、微塵の不安も感じてはいなかった。もっとも、妻は私に勇気を与えるために、不安を押し隠し、敢えて明るく振る舞っていたのかもしれない。

妻とともに暖炉に一緒にくべられた薪のように、私の心を温めてくれたのは、長女の香織の存在である。私たち夫婦に香織が授かったのは、一九七四（昭和四九）年の二月七日のことである。私の誕生日が二月九日なので、奇しくも二日前の誕生日である。逆子であった上に、予定日を大幅に越えてしまったために、難産であった。羊水を吸い込んでいたために、香織は産声すらあげなかったのである。

そのため香織は、様々な障害に、次々と襲われることになる。股関節形成不全、斜頸《しゃけい》などである。そうした障害の治療のために、誕生すると間もなく、身動きができないように、矯正バンドで固定されてしまう。矯正バンドが装着された日に、我が子の哀れな姿を眼にした妻は、眼を背けるように振り返って、私に抱き着いていただ嗚咽した。

矯正バンドを装着していると、暑き夏にも衣服を重ね着をするような状態となってしまう。身動きもできず、耐え難い暑さに、自由にしてくれることを、我が子が号泣して訴えているのに、為す術もない。この残酷に妻は、耐えなければならなかった。妻は辛かったに違いない。しかし、妻は私に弱音を吐くことはなかった。ただ時折、一言も語ることもなく、私に抱き着いて涙したのである。

私は娘と悲しみを「分かち合い」、妻と悲しみを「分かち合う」ことはできなかった。というのも、当時はまだ日産自動車を辞める前だったので、朝早く工場に出勤し、夜遅く工場から帰ってくる毎日で、家族とともに過ごす時間が、私には与えられていなかったからである。もちろん、休日もない状態であったことは、既に述べたとおりである。

私には長女と接する機会を持つことが困難であった。私が自宅にいる時間はわずかだったからである。しかも、そのわずかな時間も、長女が寝入っている時間と重なっていた。そのため長女が目覚めている時に、私が近づけば、見知らぬ人間が近づく恐怖感に駆られて、泣き叫んだものである。

ところが、日産自動車を退職して私が受験勉強を始めると、家族三人で悲しみも苦しみも「分かち合う」ことができるようになった。確かに、私は受験勉強に多くの時間を費やさざるをえなかった。とはいえ、家族三人で「生」を共にしている以上、家族三人で生活のリズムを形成することができる。家族三人で生活のリズムを創り出し、悲しみも苦しみも「分かち合う」ことができたことこそ、私の受験勉強の支えだったのである。

こうして苦しくも、幸せな時を刻み、私は大学院の学科試験に合格することができた。学科試験に合格すると、既に述べたとおり論文を提出し、面接試験を受けて、一九七六(昭和五一)年四月に東京大学大学院経済学研究科修士課程に入学したのである。

さまざまな恩師に導かれて

大学院に入学すると、砂漠の旅人がオアシスに辿り着き、ようやく水を飲むことができた時のように、私は学問を貪ることになる。もちろん、加藤三郎先生の指導のもとにである。加藤先生は財政学を専攻するのであれば、佐藤進先生と金子宏先生にも師事するようにと、私を指導された。

佐藤進先生は、財政学の母国ドイツに留学された財政学の第一人者であった。もちろん、加藤先生が佐藤先生に師事するように、私を指導されたのは、財政学の基本を体系的に修得するためである。

私は大学院に入学するや否や、加藤先生の指導に従い、佐藤先生に師事することにした。しかし、私が大学院に入学した時、佐藤先生は武蔵大学教授であり、東京大学大学院の財政学を非常勤講師として担当されていた。ところが、翌年になると、佐藤先生は武田隆夫先生の後継者として、東京大学の財政学講座を担当する教授に着任されることになったのである。

金子宏先生は文化功労者に輝く租税法の第一人者であり、租税法研究を開拓したパイオニアである。もっとも、金子先生は東京大学大学院の法学研究科教授であり、経済学研究科の教授ではない。しかし、加藤先生は財政学を研究するには、租税法を学んでおく必要があるとして、金子先生に師事するようにと指導されたのである。

金子宏先生に師事すると、助手として中里実先生がいらした。私が金子先生に師事した五年間の大学院での演習では、中里先生と私との二人でもっぱら指導を仰ぐ機会に恵まれた。奇しくも現在、中里先生が税制調査会の会長を務められ、私が会長代理を仰せつかっている。

もちろん、金子先生には大学院の五年間だけではなく、現在にいたるまで、機会あるごとに暖かい指導を賜っている。というよりも、数カ月に一度は、食事を共にする機会を設けて下さり、未だに手とり足とりの指導をいただいている。

佐藤進先生は驚くべきスピードで文献を読破される。それも日本語よりもドイツ語や英語の文献を読解するスピードのほうが並外れて早い。佐藤先生の演習は佐藤先生の著書をテキストとしながら進められたけれども、海外の文献を幅広く紹介されたことが、私の研究の血となり、肉となったのである。

佐藤先生は私の進路に殊のほか、心を砕いて下さった。悪戯好きの運命の女神の計らいで、後に私は、伝統ある東京大学の財政学講座を佐藤先生から引き継ぐことになる。というのも、東京大学の財政学の講座は佐藤先生の後継者として、宮島洋先生が務められ、宮島先生から私が引き継ぐことになったからである。

東京大学の伝統的な財政学を継承する御印として大内兵衛先生から佐藤先生に与えられた、大内先生の書による色紙(本章扉写真)は、佐藤先生から私へと授けられた。私の財政学に対しては、四面楚歌の状態で論難が浴びせられる。しかし、四面から論難の歌声が聞こえてもなお、私が耐えていけるのは、権力の弾圧に耐え抜き、真理を忠実に語ろうとしてきた、伝統ある東京大学の財政学を守るという私の使命を果そうとしているからである。

前述のように私は、二年の修士課程と三年の博士課程の五年間にわたる大学院時代に、佐藤進先生と金子宏先生、それに加藤三郎先生に師事することになった。しかし、私は三人の先生のほかにも、多くの先生のご指導を受けている。修士課程の二年からは、地方財政の講座を担当されていた林健久先生と社会科学研究所の加藤榮一先生とのジョイント・ゼミナールに参加し、二人の先生の指導を受けることになる。

私は租税史を研究したいと考えていたので、原朗先生の現代日本経済史の演習にも参加した。それに修士課程の時には、学問の幅を広くしておきたいと考え、大内力先生から経済学方法論の指導を受けたこともある。

とはいえ、私の研究の指導教官は、あくまでも加藤三郎先生である。加藤先生の演習は、私にとって贅沢な演習であった。というのも、加藤先生の教えを受ける院生は、私一人だけだったからである。加藤先生は読むべき財政学の古典で、私が目を通していない古典を取り上げ、それを二人で読んでいくように、演習を運営して下さったのである。

財政学の古典の森へ

加藤先生が最初に取り上げた古典は、コルム（Gerhard Colm）の『財政と景気政策（Essays in Public Finance and Fiscal Policy）』（木村元一・大川政三・佐藤博訳、弘文堂、一九五七年）である。新経済学派のコルムとの出会いは、私の財政学研究にとって決定的な影響を与えた。しかも、私一人で古典と格闘するよりも、加藤先生と二人で議論をしながら古典を読み進むと、財政学への視野が広角度に広がっていくことが実感できる。

私がコルムから学んだ最も重要な財政学への視座は、コルムの「財政学は伝統的に定義されているように経済学という広汎な分野の単なる一部門ではない」という言葉に象徴されている。つまり、コルムは財政学を経済学・政治学・社会学・経営学・会計学など社会科学の「境界線的性格(borderline character)」をもつ学問と位置づけていたのである。

私は加藤先生との議論を反芻しながら、財政現象を分析するには、政治学や社会学など他の社会科学が対象としている社会現象と有機的に関係づけなければならないと認識していく。それ以降の私の財政学研究は、財政現象を総合的社会科学としての財政学からアプローチする旅路だったといってもよい。

コルムから学んだ財政学研究のもう一つの視座は、財政の政策形成過程への着目である。つまり、財政の結果だけではなく、政策形成過程をも視座に取り込み、社会の諸現象と結びつけて立体的に分析していこうと考えたのである。

このコルムを手始めに、私は加藤三郎先生とともに、財政学の古典の森を徜徉していくことになる。私が既に読んでいた古典も加わったけれども、加藤先生と二人で読むと、まったく新しい脈絡が浮かび上がってくるから不思議である。

しかも、古典を繙く旅を新経済学派のコルムから始めたことは、私の学問遍歴にとって幸運だった。というのも、私はドイツの歴史学派から誕生した財政学を、継承して発展させたいと考えていたからである。

ドイツ財政学は一九世紀後半には、支配的学説として世界に君臨するけれども、第一次大戦でドイツ帝国が敗戦するとともに、支配的学説の地位から引きずり下されることになる。しかし、第一次大戦後にもドイツの財政学を継承しながら、それを社会科学として鋳直していこうとする動きが形成されていく。その一つが新経済学派の財政学の展開であり、もう一つは財政社会学の登場である。

新経済学派の財政学は、一九世紀後半に誕生する新古典派の経済学を取り込みながらも、ドイツ財政学の歴史的分析をも継承しようとする。それは財政学を経済学に引き寄せながらも、第一次大戦の戦時財政によって巨大化した財政を、市場経済とは弁別される経済として把握しようとしたといってよい。既に述べたように、コルムは新経済学派に属していて、市場経済と財政という二元的組織論に立脚している。

新経済学派が財政学を経済学に引き寄せて、財政学を再生させようとしているのに対して、財政社会学は財政学に社会学を取り込んで、財政学の再生を図ろうとする。財政社会学の始祖はゴルトシャイト(Rudolf Goldscheid)といわれる。ゴルトシャイトは第一次大戦によって破綻した祖国オーストリア・ハンガリー帝国の財政を眼前にして、一九一七年に『国家社会主義か国家資本主義か(Staatssozialismus oder Staatskapitalismus)』を著し、財政学に社会学を取り込んだ財政社会学を提唱する。その翌年の一九一八年には、オーストリアの大蔵大臣を務めることになるシュンペーター(Joseph A. Schumpeter)が、ゴルトシャイトの財政社会学を受け継ぎ、『租税国家の危機(Die Krise des Steuerstaats)』を世に問うことになる。それ以降はマックス・ウェーバーの社会学を取り込みながら財政社会学は、イェヒト(Horst Jecht)、ズルタン(Herbert Sultan)、マン(Fritz Karl Mann)によって展開されていく。

私は加藤先生と財政学の古典を読み進みながら、ドイツの生んだ財政学を、総合的社会科学として再生させることを模索していく。私の問題関心からすれば、新経済学派と財政社会学を、どうにか和解させようとする努力であった。私は後年にいたって、自分の財政学の方法論を財政社会学と銘打つけれども、それはマンによって終焉を告げたとされる財政社会学への復帰ではなく、新経済学派と財政社会学とを和解させ、新たに誕生させる新・財政社会学の提唱なのである。

研究者仲間との出会いと別れ

私は恩師に恵まれるだけではなく、「生」を共にし、悲しみを「分かち合う」友人にも恵まれている。大学院に入学すると、真理の探究という志を同じくする友人たちに出会うことになる。

加藤三郎先生は私に、「大学院で出合う友人は、生涯にわたって研究を共にすることになるので、大切にするように」と諭された。それは加藤先生が私に身をもって諭した教えでもある。加藤先生は大学院を共に過した甲南大学の森恒夫先生や岡山大学の土生芳人《はぶよしと》先生と、交流を絶やすことなく研究活動を続けられていたからである。

とはいえ、私は大学院に入学をして、志を同じくする友情を築くことについては、不安を抱いていた。というのも、私はほぼ一〇年という一世代遅れで大学院に入学したからである。つまり、研究者として世代間ギャップに喘ぐことが、目に見えていたからである。

しかし、それは私の杞憂にすぎなかった。というよりも、「あの時代」だったからこそ、一〇年という時間の隔りを感じることなく、生き通せたといえるかもしれない。私とともに経済学研究科の大学院に入学した二〇名程度の同期で、財政学を専攻したのは、私と松井坦《たいら》君の二人であった。これに日本経済史の専攻ではあるけれども、財政史の研究を志していた能地清君を加えても、財政学を研究しようとした院生は、三名ということになる。

ところが、松井君も能地君も、大学を卒業したのは一九六九（昭和四四）年の同期だった。つまり、松井君も能地君もそれに私も、大学紛争の時代に大学を卒業し、回り道をした上で、大学院に入学するという数奇な運命を辿ってきたのである。「あの時代」だから、起こり得た現象である。

しかも、松井君にいたっては、驚くことに私が教養学部時代に知己となった河内謙策君の親友であった。河内君も松井君も東京大学法学部の自治会である緑会で活躍した後、二人とも出版社の大月書店に就職する。しかし、二人とも大月書店を退職し、河内君は弁護士の道へと進み、松井君は東京大学大学院へ入学し、研究者を志すことになったのである。

松井君は私と同様に、既に結婚をしていて、よく奥様とお子様に研究室でお目にかかったものである。松井君の研究対象はドイツの財政であり、プロイセンの鉄道事業に焦点を絞った優れた研究業績を発表していた。

松井君が研究と生活の両立に苦悩していたことは、推察するに余りあるけれども、それを微塵も感じさせることなく、明晰な頭脳で研究に取り組んでいた。しかし、運命の神は残酷である。松井君は大学院を修了することもなく、帰らぬ人となってしまう。暖かい家族の灯す明かりを求めて、家路を急いだために、交通事故に遭遇してしまったからである。

生きるということは、あまりにも悲しい。人間は本来的に寂しく孤独な存在である。それだからこそ、共に悲しみを分かち合おうとするのに、共に悲しみを分かち合う仲間ができた瞬間に、それが残酷にも引き裂かれていってしまうからである。

能地清君は天涯孤独の人であった。ご両親は既に他界され、広島に実姉がいらしただけだったと思う。横浜市立大学を卒業してから能地君は、東京大学大学院への受験を挑み続け、私と同期として入学を果したのである。

能地君は柔和な人である。私は能地君と、すぐに心を許し合う友人となった。能地君は途中から加藤三郎先生の演習に参加した。そのため加藤先生と私の二人だけの演習は、加藤先生と能地君と私という三人の演習となり、華やいだのである。演習が終ると、能地君と私は、不忍池の辺《ほと》りにある「ギャラン」という喫茶店で、ほろ苦きコーヒーを啜りながら議論をしたものである。

天涯孤独だった能地君は、私の家によく遊びにきた。幼児は人間の優しさを本能的に嗅ぎ分ける。私が大学院に入学した翌年に、私たち夫婦には次女の昌美が授かる。私の幼き二人の娘たちは、たちまち能地君になつき、能地君は家族同然の存在となったのである。

大学院を出ると、私は大阪市立大学の経済学部に就職をした。能地君は福島県立の会津短期大学で教鞭を執ることになった。就職して暫くした七月に、私は大阪市立大学経済学部の教授会恒例の旅行で富士登山をした。山の天気は急変する。富士山の天候が不気味な変化をみせたので、早々に下山をした。まさにその時、能地君は山に死んだのである。

人生はあまりにも悲しい。登山が趣味の能地君は、その日、会津若松の近くにある飯豊《いいで》山を目指した。飯豊山は非火山では東北最高峰の神秘の山である。激しい情熱を埋火のように秘め、穏やかに泰然としていた能地君の化身のような山である。その飯豊山で能地君は、愛した山の激しい天候の変化によって遭難してしまう。必死の捜索にもかかわらず、山に消えた能地君は発見されない。もうこれ以上、発見が遅れれば、雪が永遠に能地君を隠してしまうと思われた晩秋の頃に、彼の亡骸が飯豊山の沢で見つけられたのである。

生命は突然に現れ、突然に去る。松井君も能地君も、私と同じ年に大学を卒業し、同じ年に大学院に入学した。しかし、松井君の生命も能地君の生命も、ある日、突然の如くに、私の前から去っていってしまったのである。

私はただ一人生き残った。私よりも遥かに優秀な二人がこの世を去り、能力もなく最も生き残るべきではない私が一人生き残ってしまった。生き残った私は、どう生きるべきなのかを常に反問していくことになる。

失うことによって、見つかるものもあるはずである。松井君は「動」、能地君は「静」という対照的な人格だったとはいえ、二人とも真理に忠実に生き、人間の解放のために異議を申し立てようと、若き情熱を燃えたぎらせていた。

この世が非人間的社会に堕落してしまっているのであれば、それは生き残された私の責任である。歴史の大河の前には、私の力はあまりに無力だったという弁明は、二人の遺志を継承する責任を果せなかった何の言い訳にもならない。私は二人への贖罪に苦しみながら、かげろうのように儚《はかな》い人生を歩まざるをえなくなったのである。

財政学を研究する多彩な院生の「塊」

松井君も能地君も、大学を卒業する時も、大学院に入学する時も同じ研究仲間であった。とはいえ、大学院に入学して志を同じくする研究仲間は、まったくの同期の二人の「消え去りし友」だけではない。不思議なことに研究者は、意図されたわけではないけれども、世代的にまとまりを形成しながら育成されていく。つまり、世代的に分散して育成されるというのではなく、塊を形成しながら学窓を巣立つことになる。

私が大学院に入学した時にも、財政学を専攻する院生が塊を形成していて、その前にもその後にも、財政学を専攻する院生は、見当らない状態であった。私の入学した一つ前の学年には、金子勝氏と片桐正俊氏がいて、一つ後の学年には金沢史男君と持田信樹君がいた。もちろん、私の同学年には松井君と能地君がいたことは、既に述べたとおりである。このように三年間にわたって、財政学を専攻する院生が塊となっていたのである。

その当時は大学院が学外の非常勤講師を招き、自主的な講座を設けることができた。私より一学年上の金子氏と片桐氏は、佐藤進先生を招いて、本格的に財政学を研究する自主講座を企画したのである。

佐藤先生の自主講座は、私の大学院入学とともに開催される。つまり、金子氏と片桐氏、それに松井君と能地君と私とを受講生としてスタートすることになる。その一年後には佐藤先生が、正式に東京大学教授に就任されるとともに、新入院生として金沢君と持田君が加わり、佐藤先生の講座は財政学研究の仲間たちが集う場となったのである。

一年上の片桐氏は、私と同じ年に大学を卒業した後に、東芝に入社し、回り道をして大学院に入学をしている。片桐氏はアメリカ財政史を研究し、後に中央大学の教授に就任されていく。

慶応義塾大学の教授となる金子氏は学問の上では、私の兄のような存在である。学問上でもう一人、兄のような存在を指摘すれば、日本経済史の第一人者である武田晴人氏である。武田氏は私より二学年上の大学院生であった。しかし、年齢は私よりも三年ほど年下である。というよりも、武田氏は私の高校の後輩である。そのためもあってか、専攻は相違するけれども、武田氏は文字どおり手取り足取り、私に対して懇切丁寧に研究指導してくれたのである。

武田氏は、私の論文に草稿の段階で、文章の一つ一つに筆を入れてくれた。現在、私の書いた文章は、よく大学入試の現代文の問題文として使用される。私が物書きとして、どうにか見るに堪える文章を綴れているとすれば、それはまさに、この時の武田氏の指導の賜物なのである。

私は二〇〇三(平成一五)年に東京大学大学院経済学研究科長・経済学部長に就任するのだが、その時にも武田氏は評議員として、私を献身的に支えてくれた。武田氏の私への献身なしには、国立大学の法人化という茨の時代に、私は研究科長・学部長という任に、ただ立ち竦《すく》むだけだったに違いない。

武田氏も金子氏も、学問上では先達である。にもかかわらず、武田氏も金子氏も、私を先輩として敬おうと気を配っていることを、私は痛いほど感じていた。そうした慈愛を受け、私は武田氏にも金子氏にも、兄のような存在としての実感を抱いていたのである。

研究を共にし、運命を共にした友

金子勝氏については、こんな天才がこの世に生存しているのかと思った。大学院生時代の研究成果をまとめた「「安価な政府」と植民地財政——英印財政関係を中心にして」（福島大学『商学論集』第四八巻第三号、一九八〇年）を眼にした時に、そう思った。壮大なスケールのヴィジョンを、緻密な実証によって語らしめることを、いとも軽々と実現させているからである。そうした天才児から指導を受けることの幸運を、私は神に感謝したものである。

金子氏は大学を出ると、東京大学社会科学研究所の助手から茨城大学、法政大学と関東地方で研究・教育生活を送ったのに対して、私の場合は既に述べたように、一九八一（昭和五六）年から一九九〇（平成二）年までのほぼ一〇年間、大阪市立大学に勤務していた。もちろん、地域的に離れていても、私と金子氏との研究交流、というよりも金子氏から私への研究指導が続いていた。交流手段はもっぱら電話とFAXだった。深夜の二時頃に金子氏からの電話が鳴り響くのは、日常茶飯事となっていたのである。

もっとも、研究会で顔を合わせると、草稿を交換して議論をした。しかし、私と金子氏とでは能力の相違から、金子氏のほうが圧倒的に生産性が高いため、もっぱら私が教示を仰ぐことになる。

私が東京大学に勤務することになり、互いの空間的距離が縮まると、二人の研究交流は頂点に達した。金子氏は『市場と制度の政治経済学』（東京大学出版会、一九九七年）を、私は『システム改革の政治経済学』（岩波書店、一九九八年）をまとめようとしていたからである。夜の夜中に金子氏の自宅のある巣鴨（東京都豊島区）に行くと、金子氏が自転車で駆け付け、草稿を交換しながら、満天の星のもと二人で議論をしたものである。

金子氏の『市場と制度の政治経済学』が出版された時には本当にうれしかった。越えることのできない素晴らしい業績である。古典から現代にいたるまで、およそ読むべき書物は、博覧強記に目を通し、しかも秩序立てて体系的に整理されている。私はうれしさのあまり、金子氏の出版記念パーティを開いたのである。

金子氏は『市場と制度の政治経済学』の「あとがき」で、私に気を配り次のように述べている。

　そして何よりも、ともすれば孤立感に襲われがちな私を、絶えず励まし続けてくれた神野直彦氏に最大の謝辞を送らねばならない。最も尊敬する先輩研究者から受けた励ましと御協力によって、研究生活を再スタートできたという事実を私は一生忘れることがないであろう。

この金子氏の「あとがき」に私は戸惑った。私こそ金子氏を尊敬し、金子氏こそ私を叱咤激励してくれたからである。しかも、逆境に陥っても、それを克服する道はいつも見出せるはずだと導いてくれたのは、金子氏だった。誰の人生にも明るさと暗さがある。しかし、「孤立感に襲われがち」と自己認識していたことには、戸惑いを覚えた。しかも、金子氏が「研究生活を再スタートできた」と表現するのはどういう意味なのか、私には理解できなかったのである。

物思いに耽ると、田園の風景は視野には入らなくなる。私は自分の心の葛藤にばかり目が向き、自分の友人の心の苦悩に気がつかなかったのである。

私は「属する」ことを拒否している。私は歴史における責任を引き受けることを決意している。もちろん、歴史における責任とは、共同責任を引き受けることも意味する。しかも、人間は他者との触れ合いによって、人間になっていくものだと、私は信じている。

それにもかかわらず、私は「属する」ことを拒否して生きてきた。つまり、主義や主張を同じくする党派に「属する」ということを拒否してきたのである。

それは「属する」と、歴史における責任を引き受けることの放棄になると考えていたからである。もちろん、私自身が非力な存在であるからでもある。人間は自己の宿命を甘受しなければならないけれども、その宿命のもとで自分の判断にもとづいて行動するからこそ、歴史的責任を引き受けられるはずである。しかし、何かに「属する」ことを受け入れてしまうと、自分自身の判断で行動することが難しくなってしまう。

こうした意味において、私は自由に決定的な価値を置いている。さらにいえば、私の追求する基本価値は、自由と愛にあるといってもよい。愛を連帯といいかえると、自由と連帯と換言してもよい。一見すると、アンビバレントな価値を追求することなしには、私は歴史的責任を果せないと考えている。

大学院に入学して知己となった研究仲間は、金子勝氏にしろ、片桐正俊氏にしろ、金沢史男氏にしろ、持田信樹氏にしろ、かつて学生運動の時代に活動家だった経験をもつ。つまり、「属する」ことを拒否して生きていた私だけが、孤立無援の存在だったのである。

金子氏はリーダー的存在だった。金子氏と持田氏は同じ高校の先輩と後輩との関係であった。とはいえ、同期の松井君には経験からいっても、圧倒的な存在感があった。その松井君と私は友人関係にあったので、「属する」ことがないことなぞ、まったく気にすることなく、研究仲間として共同研究が可能となっていたのである。

それだから、金子氏が「孤立感に襲われがち」と著していることについて、金子氏に何が生じたのかは、私には理解できなかった。金子氏とは大学院を出た後も前述のように、大学院時代と同様に、研究交流を重ねていた。それ以外のメンバーとも変りない交流をしていた。しかし、金子氏の身近には金子氏を孤立感に追い込むような変化が生じていたに違いない。私が変化に鈍感だったのは、私が大阪にいたからかもしれない。

私は金子氏が孤立していき、「研究生活を再スタートできた」といわしめた事情を、後に金子氏が著した『金子勝の仕事道！——人生を獲得する職業人』（岩波書店、二〇〇六年）で垣間見ることになる。この著書で金子氏は、「学生運動の経験はいろいろな意味で、私の人生の選択を制約してしまった。かつて一緒にやった仲間に裏切られたことが最も大きかった。もはやメディアにでも打って出て、直接「消費者」を味方につける以外に出口がないところに追い込まれてしまった」と述懐している。

さらに金子氏は「メディアに登場する際には、自分でも意外なことに学生運動の経験のない人たちから救いの手が伸びてきた。まず、大沢真理先生が私の状況に同情して雑誌の編集者を紹介してくれた」と述べた上で、次のように記している。

つぎに、神野直彦先生が一緒に仕事をしないかと声をかけてくれた。思わず、「私と一緒にやっていいいんですか」と聞き返した。神野さんは網膜剝離を患い、網膜をシリコンで固めている。「いつ目が潰れるかもしれない。言いたいことを言っておきたいから」と言った。久しぶりに人を信じられる喜びを感じることができた。神野先生が地方分権推進委員会において財源部会長でありながら、その主張はほとんど実現しなかった。そのプロセスを見て、「地方に税源を」という税源移譲提案を企画し、参加者を決め出版社に持ち込んだ。この本は、今日における「三位一体改革」の流れを作る一助にはなったと私は考えている。

一九九九年に入ってすぐ、あまりにひどい状況を見て、緊急に一元化された所得比例年金の提案を神野先生と一緒に作った。二〇〇四年年金「改革」の一つ前の年金財政再計算の時であった。スウェーデン、ドイツ、米国、フランスなどの年金制度を参照しながら、神野先生と日本の状況に合った年金新提案を考えた。意見を交換しながらいろいろな工夫をしたが、神野先生は眼が悪いので、夜中に私が原稿を書いた。最初は「協力社会の年金を創る」と題して雑誌『世界』九九年三月号に発表し、つぎに二人の共著で『「福祉政府」への提言』(岩波書店)という形で社会保障制度全般にわたる改革案として出版した。ついで、財政赤字問題については二人で『財政崩壊を食い止める――債務管理型国家の構想』(岩波書店)としてまとめた。われわれの提案は、いつもつまみ食いの対象にされているが、政府や政党のレベルではそれなりの影響力が出てきたと、自分でも思えるようになってきた。

私の記憶は、金子氏の認識とは少し相違している。私と金子氏が共同研究を始めたのは、金子氏が『市場と制度の政治経済学』を、私が『システム改革の政治経済学』を、それぞれまとめようとしていた時である。この時の二人の共同研究を通して、私と金子氏は生涯運命を共にする友情を育んだと、私は認識している。

それだからこそ、前述のように金子氏は『市場と制度の政治経済学』の「あとがき」で、「ともすれば孤立感に襲われがちな私を、絶えず励まし続けてくれた神野直彦氏に最大の謝辞を送らねばならない」という私にとって過分な言葉を述べていると思われる。筆の遅い私は『市場と制度の政治経済学』が発刊された翌年に、『システム改革の政治経済学』を世に問うことになる。その「あとがき」で私も、金子氏を「もう一人の私」と表現し、熱きその友情に深謝している。

金子氏が述懐している『地方に税源を』(東洋経済新報社、一九九八年)、『「福祉政府」への提言』(岩波書店、一九九九年)、『財政崩壊を食い止める――債務管理型国家の構想』(岩波書店、二〇〇〇年)という金子氏と私との政策提言にかかわる共同作業は、金子氏と私との共同研究の成果であることは間違いない。しかし、それは私が呼びかけたというよりも、政府の審議会などでの私の活動に、金子氏が救いの手を差し伸べようとして企画されたものと、私は考えている。

友人とは運命を共にする人のことである。私と金子氏は、共同研究を通して友人となった。その後も金子氏とは運命を共にしてきた。金子氏は私を決して裏切らない。それどころが、必ず救いの手を差し伸べてくれる。友人だからである。

私は多くの友人に恵まれた。それらは大学院時代の研究を通して築かれたものが土台となっている。真理を追求する研究を通して、というよりも「生」を「共」にすることによって、友人をつくることができた。生きるということは私にとって、友人をつくるということだったと表現してもよいほどである。

母の病

一九八一(昭和五六)年に東京大学大学院経済学研究科の博士課程の単位を取得して退学した私は、同年助手として大阪市立大学経済学部の職を得た。次いで一九八三(昭和五八)年には、同学部の助教授になることができた。

ところが、一九八九(昭和六四)年の正月に、母の癌《がん》が発見されたのである。ステージ2の癌であった。私は気弱になった父を励まし、母の手術に付き添った。手術はどうにか成功したけれども、母もさらには父も生きるということへの精神力を、使い果してしまったかのように思えた。

母はただ子どものためだけに、生きる人生を送ってきた。近隣の人に「あなたの人生で最も幸福だった時はいつか」と尋ねられた母は、「子どもを育てていた時です」と答えていた。その母が癌と診断され、初めて弱音を吐いた。「直彦、浦和へ戻ってきてくれないか」と、母は私に懇願したのである。

大阪市立大学で職を得ていた私は、妻と二人の娘（前述のように一九七四年に長女が、一九七七年に次女が誕生していた）とともに、大阪の箕面《みのお》市で生活をしていた。私は長男である。祖父が起こした神野家を、長男である私には継ぐ使命があると、幼き頃から、私は自分に言い聞かせてきた。それは長男が家を継ぐという古めかしい思想に従ったというよりも、長男である私が父と母と、最も長く「生」を「共」にしているからである。つまり、最も長く「生」を「共」にし、多く慈愛を受けた私こそが、父と母から受けた慈愛に報いなければならないと考えていたのである。

とはいえ、両親の慈愛に報いるということは、私にとっては親に「孝」を果たすというような義務感からのものではない。そのことは、私にとっては、喜びであり、幸せなのである。

仏教の教えに敬田、恩田、悲田という三福田の教えがある。稲を育む田は、幸福を生みだす場である。三福田の一つである恩田は、父や母の恩に報いると、幸福になるという教えである。ちなみに敬田とは、仏、法、僧を敬えば、功徳がもたらされるという教えであり、悲田とは、病に苦しむ者や貧しき者に、恵みを施せば幸せになるという教えである。恩田という教えを俟つまでもなく、私にとって父や母の恩に報いることは、幸福なことなのである。

私は母が懇願するまでもなく、生活の本拠を大阪から浦和に移すことを考えていた。しかし、私にとって両親への「孝」が幸福であったとしても、私の妻にとっては、そうとは限らない。妻にとって大阪の箕面での一家四人の生活は、幸福に満ちていた。私の「孝」の幸福のために、それを捨てることには、やりきれない思いがあったはずである。しかし、妻はそうした思いをおくびにも出さなかっ

著者の家族と両親で栃木県・那須に旅行した時. 妻・和子が撮影(1982年)

たのである。

　というよりも、妻は私に生活の本拠を浦和に移すことを勧めた。私が人生の岐路に立ち止まる時、妻は私の望みを察知し、私が望むままに歩み始めることを、必ず勇気づけようとする。妻は自分の人生を、私とともに歩む人生以外にはないと覚悟している。私も自分の人生は、妻とともに歩む以外にはないと覚悟しなければならないと、自分に言い聞かせたのである。

　妻の行動は素早かった。四月から新学期が始まるので、ただちに転校の手続きに取り掛かった。私は自分の我儘《わがまま》のために、子どもたちの人生を犠牲にしてよいものかと悩んだ。東から西へと転校し、慣れたかと思えば、西から東へと転校する。子どもたちの人生を翻弄する私の罪深さを、嘆かざるをえなかったのである。

　しかし、二人の子どもたちは健気であった。確かに、私の両親は私の子どもたちに、惜しみない愛情を降り注いでいた。とはいえ、子どもたちなりに、私の苦渋の心中を察してではあろうけれども、長女の香織も次女の昌美も浦和で私の両親と暮したいといってくれたのである。

　一月の初頭に癌の診断が母に下されてから、私は母を入院させ、手術に立ち会い、退院後の生活のために、浦和と大阪の間を毎週往復しなければならなかった。しかも、四月からの移住の準備に奔走した。子どもたちの転校の手続きは、妻が引き受けてくれたけれども、住まいの手はずを整えなければならなかった。四月からは私が大阪に単身赴任をすることにした。家族が浦和で住まう家を、両親の家と渡り廊下で結ぶ形で発注し、完成するまでの仮住まいを手配したのである。

しかし、私の肉体は限界に達していた。母が病に倒れたとき、私は「現代日本税制の形成過程」という博士論文をまとめる作業をしている最中だった。論文執筆に追われながら、母の看病や移住の準備のために、浦和と大阪を往復し、睡眠をとる暇もなかったのである。

眼に障害を負って見えてきたもの

肉体の限界を感じていた私に、追い打ちをかけるような出来事が襲ってきた。それは、母が倒れた翌月の二月一四日のことである。二月一四日というのは奇妙な日である。バレンタインデーでもあるけれども、私の祖父の命日でもあるからである。この日、私は家族と自家用車で買物に出かけた。阪急電車の踏切を渡ったところで、私の眼に異変が生じた。突然、黒髪のようなものが視野に溢れ出たからである。しかも、雨の日に窓ガラスにできるような水膜が、視野を覆ってしまったのである。

私は翌日、大阪市立大学医学部附属病院の眼科を訪れた。眼科の診察室は薄暗い。その薄暗い診察室は、いくつかの個室に分かれていて、その個室は黒幕に覆われ、暗室となっている。私を診察した医師は、真顔になって私に、「大変、困ったことになっています」と告げたのである。

私は網膜剝離を起こしていた。左眼に二つ、右眼に九つの裂孔《れっこう》が網膜に生じていて、一カ月先か一年先かはわからないけれども、このままでは失明してしまうとのことだった。しかも、左眼はレーザー光線で治療できるとしても、右眼は手遅れ状態で、手術によって眼球を取り出して、裂孔を冷却凝固するしかないといわれたのである。

私は失明を覚悟した。子どもたちの体を触り、子どもたちの成長していく姿を感触で理解できるように準備をしようとした。もちろん、学問も諦めなければならない。暗黒の世界で生きていく価値を、私は見出せるのか苦悩した。諦めるの「諦」とは悟りを開くことである。私は無執着という悟りを開かなければならないと覚悟したのである。

私の眼に異変が生じたことに対して、私よりも私の妻のほうが呆然としたはずである。子どもたちの転校の準備に加え、移住に伴うすべての作業を、妻が担わなければならなかった。しかも、病に倒れた私の世話をすべて一人で成し遂げなければならなかったからである。

手術の日、妻は動揺していた。私は覚悟ができていたけれども、動揺する妻の健康を案じながら、手術室に向った。手術は三時間に及んだけれども、三木徳彦先生の見事な捌《さば》きで成功した。術後に私はまる一日、死に値するような激痛に苦しむことになる。私の苦しむ姿を見ながら、妻が心を痛めている様子が、見えない眼で不思議と確認できたのである。

入院は二カ月に及んだ。テレビを見ることはもちろんのこと、書物を読むことさえ禁止された生活である。妻が枕の下に置くピロー・スピーカーを購入してきてくれたので、カセットテープで吹き込まれた文学書や講演あるいは演劇などを聞くことを、唯一の楽しみとすることになったのである。

しかし、最大の楽しみは妻の笑顔に会うことである。妻は毎日のように、私の病室を訪れてくれた。それもほぼ午後三時頃だった。その時間が近づくと、病室の窓から外を眺めた。妻が足早に私の病室を目指す姿が見えるような気がしたからである。

私は妻が倒れるのではないかと恐怖していた。妻に無理難題を押し付けていたからである。そのため妻の笑顔に出会うと、至上の幸せに浸ることができたのである。

私は四月中旬に退院した。その時には家族は、浦和へと移住していた。退院すると、私は大阪の箕面の家で、単身で生活をすることになった。もちろん、動くことはできず、食事の時に起きる以外は、ただ眼を休め、仰向けに身を横たえて時間を過したのである。

妻は必ず毎週、私の世話をするために、大阪に来てくれた。私が簡単に手を加えれば、食事が可能になるように、一週間分の下拵《したごしら》えをしてくれたので、私は外出することもなく生活ができた。大阪市立大学の経済学部は、私の前期の講義を取り止め、すべて後期に回すという配慮をしてくれた。そのため私は半年間、眼の治療に専念できたのである。

私の治療は、三木徳彦先生の指導のもとに、杉野公彦先生と国本栄一先生が担当してくれた。私は術後の生活についての指示を守りながら、一週間の間隔で、三木先生の診察を受けた。診察の間隔は一週間間隔が、二週間間隔に、そして一カ月間隔へと延びていった。

やがて浦和に戻ってもよいという許可が下りた。それでも私は、長時間の振動を避けるようにとの注意に従い、新幹線を一旦、浜松で下車して一泊した上で、浦和へ帰った。再び子どもたちの顔が見えた。父と母の顔が見えた。もう見ることができないと諦めていたことが、実現した時の喜びは言葉に尽すことができない。

私が生きる喜びを取り戻した頃、風に吹かれた風鈴のような快い音色で、電話が鳴った。東京大学の宮島洋先生からの電話であった。私が網膜剝離に倒れた時、宮島先生は我が事のように心配して下さった。その宮島先生からの電話に出ると、宮島先生は「本日の教授会で神野君を東京大学経済学部の助教授として採用することが決定した」と告げた。突然の知らせに、私は動揺した。ただでさえ、私には能力がない。しかも、私は学問を学び続けることができるかどうかすら、見通しが立たない健康状態だったからである。

しかし、宮島先生に「本当によかったね。おめでとう」と祝福されると、「私には荷が重すぎるのですが、受けさせていただきます」と答えざるをえなかった。私のような眼病に悩む健康状態の者を東京大学に呼ぶことに、宮島先生がいかにご苦労されたかは、察するに余りある。私は宮島先生の優しき心に、応えなければならないと決意したのである。

私は宮島先生の電話の内容を、料理をしていた妻に告げた。妻は突然の如く嗚咽した。私は妻が嗚咽する理由に思いを馳せながら、妻の姿をただ眺めていた。しばらく立ち尽くしていると、悲しみをもたらした私の眼にも、涙が浮かんできた。

大阪市立大学は優しかった。私が迷惑をかけ続けてきたにもかかわらず、私の東京大学への転勤を祝福して送り出してくれた。こうして私は一九九〇(平成二)年一〇月、東京大学経済学部助教授として赴任したのである。

私には美しき青き空を見ることはできない。常に黒髪のような物体や水のような物体が、視野の中に飛び交っているからである。私は私の心の中にある網膜剝離になる前に見た、美しき青き空を想像するしかないのである。

サン＝テグジュペリは『星の王子さま』でキツネに、「心で見なくちゃ、ものごとはよく見えないってことさ。かんじんなことは、目に見えないんだよ」と言わせている。もちろん、これは私にとって希望の言葉である。しかも、キツネは続けて、「人間っていうものは、このたいせつなことを忘れてるんだよ。だけど、あんたは、このことを忘れちゃいけない。めんどうみたあいてには、いつまでも責任があるんだ」と、星の王子さまを諭している。

「めんどうみたあいて」というよりも、「愛した者」には「いつまでも責任がある」と、私は考えてきた。しかし、網膜剝離になって絶望の淵から見えてきたことがある。それは私は愛されてきたということである。私は愛されることによって、生かされているのだということに気がついたのである。

財政学研究の苦闘

時間を少し前に戻すと、私は財政学の研究を租税論から始めた。大学院に入ってから、私は加藤三郎先生の指導を受け、租税論の権威であった佐藤進先生と租税法の権威である金子宏先生に師事したのだから、それは当然のことといえるかもしれない。しかも、財政は「強制獲得経済」と規定されるように、租税は財政現象の核心に位置づけられるため、租税論から財政研究の門を叩くのは、財政研究の王道だと考えることができる。

しかし、私が財政学研究を租税論から着手し、それも租税史研究から始めようとしたのは、その当時の財政状況が背景にある。私が財政学の研究を始めた頃には、一九七三(昭和四八)年の石油ショックによって、財政赤字は激増する。鈴木武雄先生の言葉で表現すれば、「国債を抱いた財政」から「国債に抱かれた財政」に転換し、まさに日本の財政は「租税国家の危機」という状態に陥っていたのである。

「租税国家の危機」という深刻な財政状況から抜け出そうとすれば、当然のことながら「抜本的税制改革」が喫緊の政策課題として浮上する。つまり、第二次大戦後に定着した租税制度を、根底的に問う税制改革に取り組まざるをえなくなる。換言すれば、第二次大戦後に定着した財政制度を根底的に改革することが問われ、その基軸として「抜本的税制改革」が位置づけられたといってよい。しかも、一九七三年の石油ショックを契機に、第二次大戦後に定着した租税制度の「抜本的税制改革」が求められたのは、日本だけではない。まさに世界的に「税制改革の季節」を迎えていたのである。

こうした時代状況のもとで私は、大学院で財政学研究をスタートさせるに際して、税制改革の対象となっている第二次大戦後に定着した租税制度の特質を解明することを研究課題とした。しかも、財政学の伝統を継承しながら、その特質を税制の歴史的分析と国際比較という複眼的視角から明かそうとしたのである。

第二次大戦後に定着した租税制度は、「シャウプ勧告」にもとづく一九五〇(昭和二五)年の「抜本的税制改革」によって生み出されている。「抜本的税制改革」とは国税と地方税を通じて租税体系を再編する改革と理解しておいてよい。そうした「抜本的税制改革」として、「シャウプ勧告」にもとづく一九五〇年の税制改革以前でいえば、一九四〇（昭和一五）年の戦時税制改革と一九二六（大正一五）年の社会政策的税制改革がある。私は現代日本税制の形成過程を解明しようとすれば、シャウプ勧告にもとづく税制改革だけではなく、一九四〇年の税制改革と一九二六年の税制改革も考察の射程に取り込まなければならないと考えたのである。

というのも、国際比較という視座から、先進諸国で第二次大戦後に定着した現代税制は、所得税・法人税を基幹税とする税制であり、第二次大戦という総力戦の遂行を支えるための税制改革として誕生しているからである。日本でも所得税・法人税を基幹税とする税制への動きは、一九二六年の社会政策的税制改革に始まり、一九四〇年の戦時税制改革で実現することになる。

日本経済史研究では戦時経済と戦後経済が、連続か断絶かをめぐって盛んに論議される。しかし、財政学の実証的研究からは、ともにイギリスの財政学者であるピーコック（Alan T. Peacock）とワイズマン（Jack Wiseman）によって、総力戦のような危機にともなって生ずる「転位効果（displacement effect）」と「閾《いき》効果（threshold effect）」が指摘されている。戦争という社会的危機の時期には、租税抵抗の閾が引き上げられ、高率の租税負担が受け入れられるという「閾効果」が生ずる。しかも、閾効果によって高い経費水準が戦時に実現するや、戦後において戦費が減少しても、戦費以外の経費によって埋め合わされ、高い経費水準が戦時に実現するという「転位効果」が表れることになる。

こうしたピーコックとワイズマンの指摘を考慮すると、戦後にも転位効果が生じる閾効果のある税制改革は、戦時期に実現すると思われる。したがって、戦時税制改革で実現した租税制度が、連続したか断絶したかという議論よりも、何が連続し、何が断絶したのかを研究することが、少なくとも必要であると、私は考えたのである。

私が研究者として世に問うた最初の論文は、「馬場税制改革案」(『証券経済』第一二七号、一九七九年)である。「馬場税制改革案」とは、一九三六(昭和一一)年に二・二六事件で成立した広田弘毅内閣の馬場鍈一蔵相が描いた税制改革プランである。この「馬場税制改革案」は日の目を見ないものの、一九四〇(昭和一五)年の戦時税制改革の原型となっていく。

私は「馬場税制改革案」にかかわる論文を四本ほどまとめた上で、「一九四〇年(昭和一五年)の税制改革(1)・(2)」(『証券経済』第一三五号・第一三六号、一九八一年)を発表した。戦時税制改革の従来の実証研究では、大蔵省(財務省)の所蔵する「昭和財政史資料」を主として使用している。しかし、私の戦時税制改革の実証研究では、研究に使用されたことのない新しい資料を二つ使用している。

一つは加藤三郎先生の助言もあり、大蔵省の保存文書室に「昭和財政史資料」とは別に「馬場税制改革案」というタイトルの二冊の未使用の文書が存在することを知り、その二冊の文書を活用することにした。もう一つは東京大学経済学部図書館の資料室にある、未整理だった濱田徳海《のりみ》文書である。昭和恐慌期から日中戦争期にかけて、税制改革に携わった大蔵官僚・濱田徳海が所蔵していた、日本の税制史を研究する上で重要な文書の数々である。この濱田徳海文書を使用しながら、整理をしていくことになるのだけれども、整理が完了してマイクロフィルム化するのは、私が東京大学経済学部のスタッフとして戻ってからのことである。

「昭和財政史資料」にしろ、前述の「馬場税制改革案」なる二冊の文書にしろ、大蔵省の保存文書室の資料は、コピーが禁止であった。そのため、私は大学院時代に足しげく大蔵省に通い、大学ノートに資料を写したものである。もっとも、濱田徳海文書にしても、開くと古い紙が割れてしまいそうで、コピーを事実上取ることができず、結局のところ大学ノートに手書きで写すしかない状態であった。

前述のように、私は一九八一(昭和五六)年一〇月に大阪市立大学経済学部に助手として赴任し、一九八三(昭和五八)年に助教授に任ぜられることになる。しかし、大阪に行ってしまうと、大蔵省の保存文書室や東京大学経済学部の資料室に足しげく通うわけにはいかなくなる。

それでも戦前の三商大の一つである大阪商科大学を前身とする大阪市立大学の図書館には、戦前の文献が豊富にあり、私は戦時期の税制改革を中心に「現代日本税制の形成過程」として、博士論文をまとめる研究を進めることができた。しかも、「昭和財政史資料」がマイクロフィルム化され、大阪でも読めるようになる。しかし、マイクロフィルムを読むと、光源を眼に入れるため、一時間ほどすると激しい頭痛に襲われる。私は租税史の実証研究で眼を酷使し続け、前述のように網膜剝離によって、実証研究を継続する道を絶たれてしまうのである。

とはいえ、総力戦を遂行するための戦時税制改革の実証研究を通して、租税制度を歴史的分析と国際比較分析を重視しながら、実証的に分析する方法論らしきものを身につけることができた。財政は「政治」と「経済」との交錯現象だといわれる。そうだとすると、租税は「政治」のために、「経済」から調達される貨幣である。

しかし、総力戦を遂行するという「政治」のために、過重に「経済」から租税を調達すれば「経済」を萎縮させてしまい、総力戦遂行が困難となる。つまり、「政治」と「経済」との交錯現象として、財政を運営していくには、「政治」と「経済」とを、複眼的に省察していく必要がある。

しかも、総力戦を遂行していくための税制改革を眺めていくと、「政治」と「経済」が交錯するだけではなく、「社会」を域内平和のためにも保護することを考慮していかざるをえないことがわかる。つまり、家族や地域社会の機能を維持し、社会統合を図ることが目指されていく。

しかし、税制改革は「政治」「経済」「社会」の構造変化に対応して迫られるけれども、政治的意思決定過程における政党制や官僚制などの制度、階級や利益集団、さらにはイデオロギーなどが重要な決定要因となる。「政治」「経済」「社会」という構造変化が、税制改革を迫る圧力要因だとすれば、政治的意思決定過程の制度や運動は転換要因として、図1のように整理することができる。

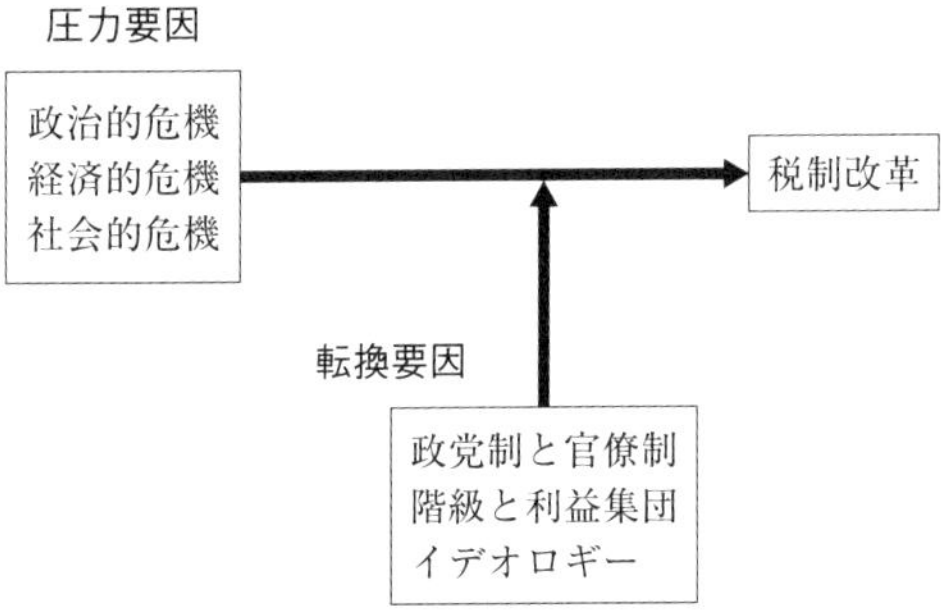

図1　税制改革の概念図

既に述べたように、私が研究生活を開始した時代は、税制改革のエピソードに彩られた「税制改革の時代」であった。それは第二次大戦後に形成された「政治」「経済」「社会」の相補関係が崩れ、新たな関係性を求める断絶的変化が生じていることを意味していた。それ故に「税制改革の時代」を迎えていたのだと考えることができるのである。

とはいえ、私は財政学の実証研究を断念せざるをえなかった。もちろん網膜剥離を患ったからである。手術を終えてから、一年間はただ体を休めるだけの生活であった。「現代日本税制の形成過程」を博士論文としてまとめることは、見果てぬ夢に終った。しかし、東京大学に戻ってから奥野(藤原)正寛教授が、私の研究を発表しておく機会が必要であろうと、ご自身の編著書に執筆するように声をかけてくれた。奥野教授の好意を受けて、私は戦時税制改革の実証研究のエッセンスを、「「日本型」税・財政システム」(岡崎哲二・奥野正寛編『現代日本経済システムの源流』日本経済新聞社、一九九三年)としてまとめたのである。

この拙稿で私は、二つの新しい試みをした。一つは、財政現象を経済システム、政治システム、それに社会システムという社会全体を構成する三つのサブ・システムの結節点として位置づける「財政社会学(fiscal sociology)的アプローチ」という方法論を提起したことである。もう一つは、こうした方法論から日本型税・財政システムを、集権的分散システムとして規定し、それが戦時期に形成されたことを解き明かしたことである。集権的分散システムとは、決定は中央政府が担い、執行を地方自治体が担うという特色を意味している。この二点が、私の財政学の実証研究の苦闘から導き出されたささやかな成果ということになる。

総合的社会科学としての財政学へ

光を失うことに脅えながら、私は一九九〇(平成二)年一〇月、東京大学経済学部に助教授として赴任をする。時代の風景をいつまで自分の眼で確認できるのかはわからないけれども、私は自己の生を受けている時代の状況を、財政学の小窓から眺めようと苦闘し始める。

術後の眼が安定しないまま東京大学経済学部に赴任した私に、根岸隆学部長は暖かい配慮をして下さった。当時、私はサンフランシスコ平和条約の発効する一九五二(昭和二七)年から、高度成長期に及ぶ大蔵省の正史である『昭和財政史――昭和二七~四八年度』(財務省財務総合政策研究所財政史室編、全二〇巻、東洋経済新報社、一九九〇―二〇〇〇年)の執筆に取り掛かっていた。根岸学部長は私の健康を考慮して、『昭和財政史』の草稿を取りまとめ、教授昇進論文として提出するように指示された。私は一九九二(平成四)年四月、東京大学経済学部教授に昇進したのである。

大蔵省の内部資料を駆使してまとめた草稿を、外部資料によって置き換えながら、公刊用に書き直す作業を続けた。しかし、公刊の許可は難航した。そのため、私が担当した『昭和財政史』第三巻の公刊が実現したのは、一九九四(平成六)年のこととなる。

大蔵省の正史の執筆に携わることで、私は大蔵省の内部資料に接することができた。私は幸運なことに、租税関係の大蔵省の内部資料を考究する機会にも恵まれている。というのも、付加価値税の導入を構想していた大蔵省主税局税制第二課から、付加価値税導入の検討資料として、日本の租税の歴史を、東京大学教授で財政学を研究していた林健久先生のもとで、まとめてほしいと依頼されたからである。まだ私が大阪市立大学に勤務していた時のことである。その成果は一九八六(昭和六一)年と一九八七(昭和六二)年の二度にわたって、林健久・神野直彦『日本税制の変遷』(財政金融研究所)としてまとめている。

私はこのように内部資料を探索しながら、財政政策や租税政策を構想する過程で、どのような要因が作用していたのかを省察することができた。そうした省察を手掛かりに、「改革、改革」と連呼される私が生きている時代を、財政学の小窓からどうにか覗くことができないかと煩悶したのである。それは「改革の時代」である私が生きている時代を、財政学のアプローチで模索することを意味する。もちろん、私が生きている時代と表現する時の「時代」とは、トータル・システムとしての社会全体である。それは社会全体を財政学でアプローチすることであり、財政学を総合的社会科学として鋳直すことにほかならない。

税制改革や財政政策の構想過程を実証的に検証していくと、必ず改革の構想の背後には、想定している国民経済や国民社会のヴィジョンに出会う。そうした経験から私は、個別社会科学で考察対象とするジグソー・パズルの小片だけではなく、ジグソー・パズルの全体としての図柄を、財政学によってアプローチしようと意欲したのである。

私は財政学を総合的社会科学に鋳直す手掛かりを、財政社会学に求めた。前述のように、財政社会学は、第一次大戦によって破局的な財政危機に見舞われたオーストリアで誕生する。ゴルトシャイトはドイツの正統派財政学とともに、マルクス主義をも批判して、「財政社会学」という新しい用語を提起する。ゴルトシャイトは国営企業の民営化と財政債務の増大によって、国家が収奪されていると唱える。それは大衆の政治参加による資本蓄積への脅威を阻止するためだと、ゴルトシャイトは主張する。というのも、「貧困化した国家が人民の手に落ちたとしても冷静に容認することができる。なぜなら、人民は空の国庫以外に何ものも獲得できない」からであると唱えたのである。

もっとも、ゴルトシャイトの提起した「財政社会学」を学術的方法論として構想したのは、シュンペーターである。シュンペーターは財政を分析することが、「社会分析の最良の出発点である」と唱えるとともに、特に「社会が転換期にあるときには、このようなアプローチは分析のために最も効果的である」と主張している。というのも、「現存の制度が崩壊し始め、新たな制度が生まれ始めているときにそれが最も効果的な分析の手だてとなる。このような場合はいつも財政制度が危機に陥る」からである。

危機の時代には、部分ではなく全体を問う必要がある。しかし、現実を断片化して分析することこそ、科学的方法だと信じられている。実際、構成要素に断片化して、部分真実を分析せずに、まず全体真実を解明しようとすれば、科学的方法がルネサンス以前の宗教的方法に逆戻りしかねない。そのため部分と部分との分析を突き合わせ、全体を問うていく必要がある。

私はグローバリゼーションの衝撃によって、財政危機に陥っている現在の危機の時代を、財政社会学を再創造することによって「理解」できるのではないかと考えた。つまり、「社会全体」のシステムが転換しようとする危機の時代には、必ず財政が危機に陥るという視座に立てば、危機に陥っている財政現象を分析することによって、私の生きている時代の全体状況に接近できるはずだと思うにいたったのである。

既に触れたように、戦時期の税制改革を総括した「「日本型」税・財政システム」で私は、「財政社会学的アプローチ」という言葉を用いている。しかし、私が学会で「財政社会学」という方法論を提起をしたのは、一九九五(平成七)年の日本財政学会(第五二回)においてである。

この一九九五年の日本財政学会は、「戦後五〇年」という節目の大会として開催され、私は「戦後日本税制の財政社会学的再検討」というタイトルで、「戦後五〇年の税制」を総括した。それと同時に、私は「財政社会学」という財政学の方法論を提起したのである。

私の発表を聞きに、予想に反して多くの研究者が押し寄せた。もちろん、私の発表は新古典派の研究者からも、マルクス経済学の研究者からも集中砲火を浴びることになる。しかし、それは私が真理を語っていることの証拠であるように、私には思えたのである。

そうした奇妙な自信は、前述したような金子勝氏との共同研究に支えられていたことは間違いない。しかも、この日本財政学会での発表を契機に、総合的社会科学としての財政学を再創造しようという志を抱いて、多くの若き研究者が私のもとに集まるようになる。そうした若き研究者の流れは、未だに私の自宅で開催される研究会に集まってくれていて続いている。彼らは私にとって、「希望の戦士」なのである。

私は財政社会学という方法論で、市場社会の本質を剔抉《てっけつ》できると考えていたので、社会主義から市場社会への移行期にある中国財政の実証分析に適用してみた。私の中国財政の実証分析は、財政学の権威である一橋大学の石弘光先生の指導の賜である。私の出身高校の先輩でもある石先生は私を研究会に誘って下さった。私は石先生と何度となく、中国財政の調査研究に同行する機会に恵まれる。この調査研究は私にとって、中国国務院発展研究センターの林家彬《リンジャービン》氏という親友を得たことが、何よりの成果となる。林家彬氏とともにした調査研究の結果を、財政社会学の方法論でまとめ、私は「市場経済化と租税制度——中国の税制と政府間財政関係」(『甲南経済学論集』第三四巻第四号、一九九四年)として発表した。この論文で私に、一九九五年の東京市政調査会藤田賞が授与されることになったのである。

官房学から財政学へ

こうして私は租税制度の歴史的分析と国際比較分析に、実証的に取り組みながら、財政社会学を再創造することによって、総合的社会科学としての財政学の構築を追究していくことになる。もっとも、財政学は伝統的に、財政を経済と政治との交錯現象だと認識してきたので、その意味では財政社会学を再創造しようとする財政社会学的アプローチは、伝統的財政学を発展させようと企図したものだといってもよい。

現在の新古典派にもとづく財政学あるいは公共経済学という財政学のメイン・ストリームは、財政現象を政治現象や社会現象と切り離して、ジグソー・パズルの小片のみを分析対象としているにすぎない。しかし、前述したコルムは、「財政学は官房学と古典経済学の奇妙な婚姻の産物である」と指摘している。

「官房学(Kameralismus)」とは一六世紀中葉から一九世紀中葉にいたるまで、ドイツおよびオーストリア、つまり神聖ローマ帝国領域内で展開した国家経営学とも呼ぶべき学問である。神聖ローマ帝国は一六四八年に三〇年戦争が終結した後に、帝国の領域内が領邦国家の割拠する状態となり、それぞれの領邦国家は殖産興業、富国強兵を競うことになった。官房学は殖産興業や富国強兵を実現するための、現在でいえば行政学と財政学を総合したような国家経営学だったのである。

官房学は一七二七年に、プロイセンのフリードリッヒ・ヴィルヘルム一世(Friedrich Wilhelm I)が、ハレ(Halle)とフランクフルト・アン・デル・オーダー(Frankfurt an der Oder)の両大学に官房学の講座を設置したことを画期に、前期と後期に分類されている。前期官房学ではゼッケンドルフ(Veit Ludwig von Seckendorff)やホルニク(Philipp Wilhelm von Hornigk)を、後期官房学ではユスティ(Johann Heinrich Gottlob von Justi)やゾンネンフェルス(Joseph Freiherr von Sonnenfels)を、代表的官房学者として挙げることができる。

とはいえ、官房学が展開した時代は、財政現象がまさに生成していく過程であった。したがって、官房学が国家経営を考察の対象としている際の「国家」とは、領邦国家という「有産国家」であり、その経営とは領主の私的な家計の経営にすぎなかった。つまり、領主の領有する財産からの収入の拡大としての鉱山開発や農業経営という「殖産興業」に重点が置かれ、近代国家としての「無産国家」の財政学ではなかったのである。

これに対して古典派経済学は、官房学がドイツとオーストリアで最盛期を迎えていた一八世紀後期には、先進国のイギリスで誕生している。先進国のイギリスでは、清教徒革命と名誉革命という市民革命を通じて、被統治者が統治者となる民主化が進む一方で、生産要素への私有財産権の設定が進み、家産国家から無産国家化が進展する。つまり、古典派経済学が考察対象とした現象では、官房学の考察対象とした現象と相違して、政治システムと経済システムが分離し、財政現象が出現していたのである。

ところが、古典派経済学は財政という現象を、市場経済という自然的秩序としての経済システムに対する攪乱要因として分析していた。もちろん、それは古典派経済学が市場経済を自然的秩序として信仰していたからである。そのため古典派経済学は、財政を分析するにしても、市場経済に与える財政の影響に対象が絞られていた。コルムの言葉で表現すれば、このようにして古典派経済学では「財政学という特殊科学の発展を抑えてしまった」のである。

「財政学という特殊科学」、つまり財政現象を対象とする独自の学問としての財政学を確立しようとする動きは、ドイツで始まる。官房学の生誕の地であるドイツは、あくまで官房学の伝統の上に古典派経済学を取り込みながら、財政学を形成しようとする学問的努力が生まれる。一九世紀中葉のドイツで、古典派経済学の吸収に学問的情熱を傾けた研究者として、『財政学原理(Grundsätze der Finanzwissenschaft)』(一八三二年)を著したラウ(Karl H. Rau)を指摘することができる。

官房学に古典派経済学を取り入れながら、独自の学問分野として財政学を確立しようとするラウの試みは、これまでも触れてきたようにワグナーに継承されて開花する。『財政学』全四部を著したワグナーの財政学は、ドイツにとどまらず、世界において支配的な学説として君臨することになったのである。

ドイツで発展した財政学は古典派経済学の伝統を継承し、経済現象の自律性を認めながらも、政治現象をも考察対象に加えて形成されていた。コルムの指摘に従えば、財政現象とは、経済現象と政治現象との交錯現象である。ところが、新古典派にもとづく財政学や公共経済学は、財政を単に経済現象とのみとらえ、政治的現象を捨て去ってしまっている。

財政学を大成したワグナーは、国民経済を三つの組織化原理による経済組織から構成されると把握している。第一は、私経済的または個人主義的経済組織であり、第二は、共同経済組織であり、第三は、慈善的経済組織である。こうした指摘からワグナーは、財政を経済システム、政治システム、社会システムという社会全体を構成する三つのサブ・システムの相互依存関係で捉えようとしていたのではないかと、私は考えたのである。

なぜ財政社会学なのか

ワグナーの財政学は、長年にわたり支配的財政学説として世界に君臨したけれども、その後、第一次大戦を契機に、その権威を喪失していったことは、既に指摘した。もっとも、ワグナーの経済システム、政治システム、社会システムというサブ・システムの相互関係を、財政を媒介にした経済組織の相互関係として把握しようとするスタンスは、二つの方向で批判的に継承されていくことになる。一つはリッチェル(Hans Ritschl)、カッセル(Margit Cassel)、コルムなどの新経済学派の二元的組織論であり、もう一つは既述したように、ゴルトシャイトやシュンペーターなどによる財政社会学である。

新経済学派の二元的組織論は、ワグナーの組織論を継承しつつ、総体としての経済組織が、公共経済と市場経済という二つの異質な原理にもとづく、経済組織から構成されていると理解する考え方である。しかし、こうした二元的経済組織論では、異質な組織化原理にもとづく経済組織の交錯現象として、総体としての「社会」を把握しようとする意図は存在するものの、非経済的要因を経済システムの動きに還元しようとする分析意図に帰結する。

新経済学派の二元的組織論では、共同経済はもっぱら権力体の経済である国家経済と位置づけられ、非共同経済は「資本主義的市場経済」と想定される。つまり、ワグナーによって自主共同経済や慈善的経済組織として位置づけられていたボランタリー・セクターやインフォーマル・セクターという社会システムの存在は、意識されないのである。

これに対して私が財政社会学に着目したのは、財政社会学では財政を、経済・政治・社会の各要素を統合する「社会全体」との機能的相関関係(Funktionalzusammenhang)において理解しようとしているると考えたからである。しかも、財政社会学ではサブ・システムとしての狭義の社会システムについても、その意義を見失うことがないのである。

ゴルトシャイトは共同体を国家に先行するものと把握し、共同体から国家が生成する契機を財政需要(Finanzbedarf)に求めている。しかも、こうした財政需要が国家の無産化をもたらし、それにともなう政治システムと経済システムの分離とともに、財政が出現することを明らかにしたのである。

ゴルトシャイトやシュンペーターによって唱導された財政社会学を継承したイェヒトは、現象学を取り入れて、伝統的財政と合理的財政という財政類型論を展開する。

さらに財政社会学に知識社会学を吸収したズルタンは、「純粋理論的財政学」を排除し、「社会的・政治的モメント」を財政理論に取り上げることを主張しながら、「後期資本主義」段階への移行にともなう財政と、総体としての「社会」の関連を分析している。ズルタンはこの「後期資本主義」段階への移行を、「政治」と「経済」の相互的浸透が生じることとして把握する。こうした相互的浸透現象をズルタンは、(一)私経済への「企業国家の侵入(Unternehmerstaatliche Eindringen in die Privatwirtschaft)」つまり公企業の発展、(二)財政が市場経済から分化せず融合するようになる「財政政策の経済化(Ökonomisierung der Finanzpolitik)」、(三)賠償や戦債などのような半政治的・経済的問題の発生、という三点で捉えたのである。

マンも「後期資本主義」段階への移行を、国家が租税を徴収するだけの「参加体制(Anteilsystem)」から、財政政策と経済政策が相互的に浸透する「統制体制(Kontrollsystem)」への移行と分析している。しかし、マンが一九五九年に問うた『財政理論と財政社会学(Finanztheorie und Finanzsoziologie)』は、「財政社会学の挽歌」といわれ、財政社会学はこれ以降、影響力を急速に弱めていったのである。

ところが、一九八〇年代頃から「ゴルトシャイトとシュンペーターの伝統(Goldscheid-Schumpeter tradition)」が息を吹き返し、「社会システム全体」の変動とのコンテキストで、財政の発展を分析するという財政社会学が復興する。オコンナー(James O'Connor)の『現代国家の財政危機』(池上惇・横尾邦夫訳、御茶の水書房、一九八一年)や、『脱工業社会の到来』(上・下、内田忠夫他訳、ダイヤモンド社、一九七五年)の著者として知られるハーバード大学のダニエル・ベル(Daniel Bell)の『資本主義の文化的矛盾』(上・中・下、林雄二郎訳、講談社学術文庫、一九七六—七七年)を復興の烽火として、パジェット(J. F. Padgett)、ブロック(F. Block)、スウェドバーグ(R. Swedberg)、ブラウンリー(W. Elliot Brownlee)、それにキャンベル(John L. Campbell)などが財政社会学を発展させていくことになる。

こうした現象を私は、財政社会学のルネサンス現象と呼んだ。それは「社会」の転換期すなわち「システム改革」の時代の到来を如実に物語っていると考えたからである。

もちろん、社会システム全体が危機に陥り、「改革」が問われている時には、財政のみに焦点を絞るわけにはいかない。しかし、シュンペーターは、社会システム全体が危機に陥っている転換期にこそ、財政分析が「社会分析の最良の出発点」だとして、財政社会学を提唱する。こうした財政社会学の問題関心を発展させながら、私の生を受けている「システム改革」の時代を理解するために、私は総合的社会科学としての財政学を追求したのである。

「システム改革」の経済学へ

私は私の生を受けている時代状況を、財政学を鋳直して理解しようとして、一九九八年に『システム改革の政治経済学』(岩波書店)を刊行した。つまり、「改革」「改革」と連呼される私の生きている時代を「システム改革」の時代と認識し、「社会全体」のトータル・システムが、経済・政治・社会という三つのサブ・システムから構成されると考える財政社会学のアプローチから、その三つのサブ・システムの媒介環に財政を位置づけることで、「システム改革」の時代を分析しようとしたのである(図2)。

こうした視座からすると、「システム改革」が要求される危機の時代とは、三つのサブ・システムの相補関係にインバランスが生じていることを意味する。そのため三つのサブ・システムの相補関係を調整する財政が危機に陥ることになる。つまり、「システム改革」の時代に生じている財政危機とは、「社会全体」の危機の結果として生じている「シュンペーター的財政赤字(Schumpeterian Deficit)」

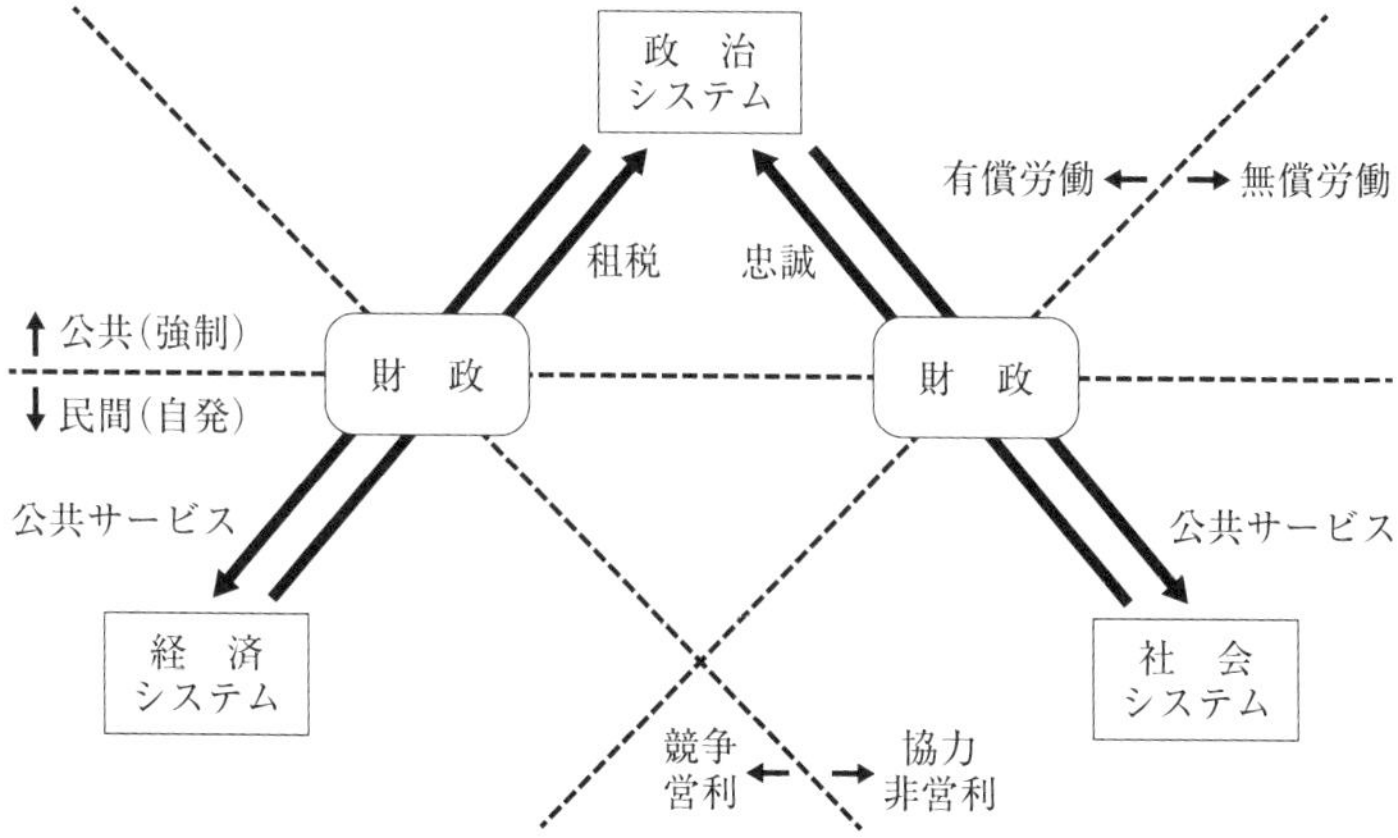

図2　社会を構成する三つのサブ・システム

なのである。

原因と結果を間違えてはならない。結果にすぎない財政危機を解消してみても、「社会全体」の危機は克服できない。それどころか財政再建を至上目的として追求すれば、社会全体の危機は、破局へと帰結しかねないのである。

財政社会学的アプローチでは、ゴルトシャイトの伝統を継承しながら、そもそも人間の生活は、共同体に埋め込まれて営まれると想定している。それは経済・政治・社会という市場社会では分離する三つのサブ・システムが、共同体のもとでは三位一体となっていたと想定していると言い換えてもよい。

三位一体のトータル・システムとしての「社会全体」から、三つのサブ・システムが市場社会になると分化してくるのは、共同体の機能から生産機能が抜け落ちるからである。つまり、市場社会とは生産行為が土地・労働・資本という生産要素が生み出す要素サービスの取引として営まれる社会といってよい。

市場社会とは生産物市場が存在する社会ではない。生産物市場であれば、人間の歴史とともに存在するといってもいいすぎではない。市場社会とは、生産要素の生み出す要素サービスを取引する要素市場が存在する社会なのである(図3)。

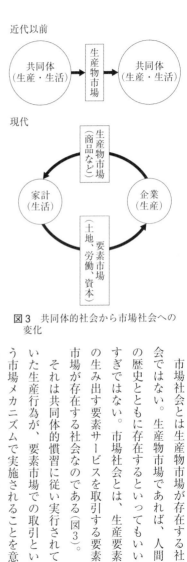

それは共同体的慣習に従い実行されていた生産行為が、要素市場での取引という市場メカニズムで実施されることを意味する。そのことは共同体のもとに統合されていた生産の「場」と、生活の「場」が分離することを表現している。つまり、市場社会では生産・分配を担う経済システムと、生活の「場」である社会システムが分化してしまうのである。

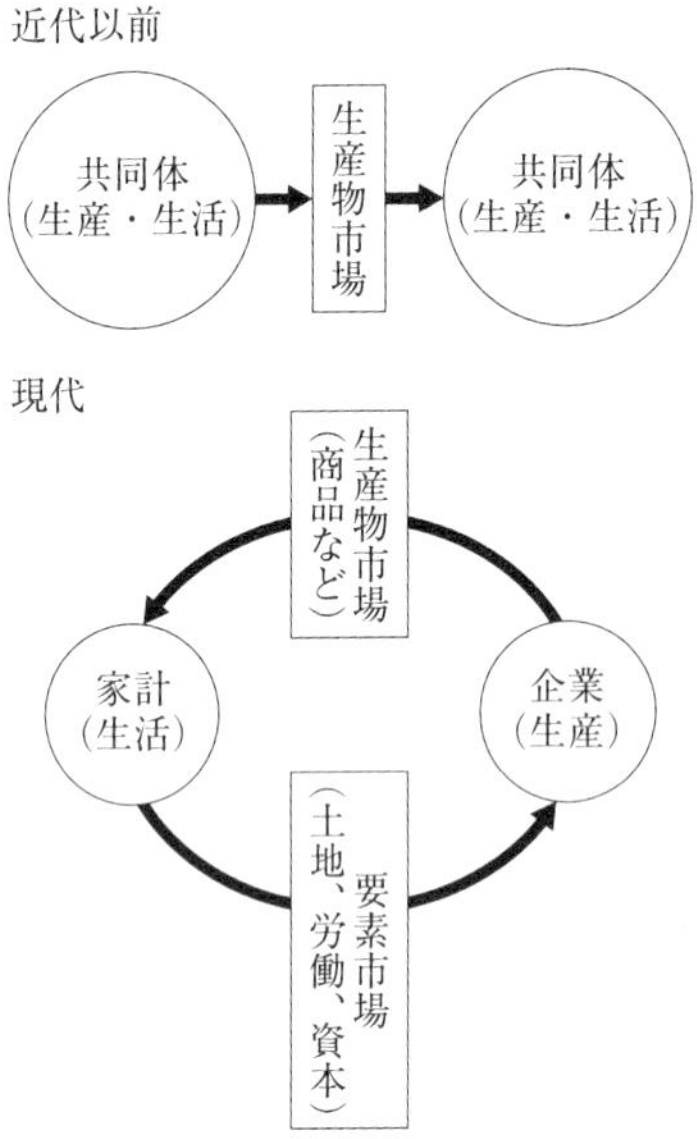

図3　共同体的社会から市場社会への変化

しかし、要素市場が機能するためには、土地・労働・資本という生産要素に、私的所有権を設定する必要がある。もちろん、生産要素に私的所有権を設定し、それを保護する任務は、正当な「暴力」の行使を独占する政治システムが担うことになる。

ところが、生産要素が私的に所有されるということは、領主が領有していた生産要素を失うことでもある。つまり、生産要素を領有していた「家産国家」が「無産国家」になってしまうのである。

しかし、「無産国家」になってしまった政治システムは、私的所有権を設定し、それを保護する公共サービスを提供して、社会統合を果すことができない。そこで政治システムは、生産要素の所有者である国民の同意を得て、経済システムが生産する所得の一部を強制的に貨幣で徴収し、それを租税として統治活動を行うことになる。

こうして市場社会では分離している三つのサブ・システムを、財政を媒介環として統合している。財政が社会秩序を維持するために、公共サービスを社会システムに供給しなければ、経済システムの市場経済秩序は維持できない。一九世紀の社会システムのように、共同作業や相互扶助という共同体的紐帯が強ければ、政治システムは治安サービスのような限定された公共サービスを、財政を通じて供給することで、社会を統合していくことが可能になる。しかし、ひとたび政治システムによって私的所有権が設定され、「契約」という人間関係を市場経済が展開させていくと、「契約」以外の人間の絆を破壊し、共同体的紐帯を衰退させる。そうなると、政治システムが共同体的紐帯にもとづく共同作業や相互扶助に代替する公共サービスを供給し、社会システムの統合をはからざるをえなくなってしまうのである。

そのため第二次大戦後には、財政による所得再分配機能によって、社会システムで営まれる生活を保障していこうとする福祉国家を、先進諸国が挙って目指していく。しかし、財政が所得再分配を果たすには、境界を管理する必要がある。というのも、土地・労働・資本という生産要素が、国境を越えて自由に動いてしまうと、財政は所得再分配機能を果たすことができないからである。

それ故に福祉国家とは、中央集権的政府構造を備えていた。そうした中央集権的政府構造は、福祉国家が基盤としている重化学工業を基軸とする産業構造が機能するための前提条件としての社会的インフラストラクチュアを、整備するのにも好都合であった。重化学工業を基軸とする産業構造の前提条件とは、交通網にしろエネルギー網にしろ、中央集権的に整備する社会的インフラストラクチュアであったからである。

私は私が「生」を受けている「システム改革」の時代とは、重化学工業化の行き詰まりとともに、福祉国家という「大きな政府」によってバランスさせていた、三つのサブ・システムの相補関係が崩れることに起因すると理解した。それだからこそ、現代社会のシステム全体を改革しようとする「システム改革」の時代になっていると把握したのである。

しかも、「システム改革」のアジェンダは、「民営化(privatization)」や「規制緩和(deregulation)」を合言葉に、市場の領域を拡大し、公共の領域を縮小しようとする新自由主義のシナリオがメイン・ストリームを形成する。しかし、「システム改革」にはアングロ・アメリカン諸国が目指す、競争原理にもとづく「市場領域」を拡大するシナリオだけではなく、「ヨーロッパ社会モデル」のように、地方分権という「非市場領域」の改革によって、中央集権的な「参加なき所得再分配国家」としての福祉国家を、地方分権的な「参加する所得再分配国家」に改めて克服しようとするシナリオもあることを、私は注目した。そこには社会統合のためには、競争原理にもとづく「市場領域」だけではなく、協力原理にもとづく「非市場領域の存在が必要不可欠だという認識が認められる」と私は考えたのである。

こうした主張を私は『システム改革の政治経済学』として刊行した。もちろん、私の思想は異端の思想である。マルクス主義にせよ、新自由主義にせよ、正統派からの批判に晒されることになる。しかし、望外にも、私の主張への賛同者も現れた。そのため身に余る光栄にも、私の『システム改革の政治経済学』に第三九回エコノミスト賞が授与された。それは一九九九(平成一一)年の出来事だったのである。

第6章

人間のための経済学を目指して
——学問と社会の連携へ

宇沢弘文先生(後列右端)がブループラネット賞を受賞された時の祝賀会(2009年11月)

研究を政策形成に活かす

研究者は知的技術者ではない。知的技術者は自分の修得した知識を売り歩くことを職業としている。これに対して研究者は、真理に忠実に生きる殉教者でなければならないのである。

しかし、私は研究者としての使命を逸脱することをも覚悟しながら、自己の修得した知識を携えて、実際の政治における政策形成過程に参画することを決意した。私は恩師から授けられた知識を、自分だけの所有物とせずに、社会の構成員に解放しなければならないと決意し、政策の形成過程に身を委ねることにしたのである。

というよりも、政策形成過程に参加すること自体、恩師の教えであった。佐藤進先生は私に「仕事を選ぶな」と諭された。それは「自分のような人間でも、声をかけてくれたのだからと思い、声をかけられた仕事は引き受けなさい」という教えである。この教えを私は、自己の信条として生きていくことにしている。

佐藤先生の教えは「自分のような者にも声をかけてくれたと感謝し、仕事を引き受ければ、必ず自分の学問の幅を広げ、深さを深めることになる」と続く。政策形成過程に参加するということは、現実には政策の構想と執行について、官僚との共同作業に従事することを意味する。

実際、私が政府の研究会や審議会などに参加することを通じて、官僚たちとの共同作業に従事すると、私の学問の領域は拡大することになった。それは政策の現場で生じている課題から、自分の学問を照射することで、欠落している視座を補強することができたからである。

私が政策形成過程に参加することになった嚆矢《こうし》は、自治省からの依頼で、地方消費税の導入にかかわったことにある。その契機は、恩師である金子宏先生が座長を務める、地方税として付加価値税の導入を検討する研究会に参加したことにある。

付加価値税には消費課税としての付加価値税と、企業課税としての付加価値税がある。金子宏先生を座長とする研究会では、消費課税としての付加価値税よりもむしろ、企業課税としての付加価値税を研究対象としていた。というのも、シャウプ勧告が意図した「地方自主財源としての付加価値税を道府県税に」という課題を、研究会は念頭に置いていたからである。つまり、その研究会は事業税を企業課税としての付加価値税に鋳直すこと、換言すれば事業税の外形標準化を念頭に置いていたといってもよい。

ところが、悪戯好きの歴史の女神が、新しき歴史の潮流を巻き起こし始めた。それは地方分権という潮流である。第二次大戦後に先進諸国では、挙って福祉国家を目指し、所得税と法人税を基幹税とする直接税中心主義の租税制度が定着していた。しかし、一九八〇年代になり、新自由主義を標榜する政権が成立し始めると、「所得から消費へ」という掛け声のもとに、直接税中心主義から、間接税中心主義へと移行する税制改革の波が押し寄せてくる。そこで付加価値税を所得税とともに、基幹税としてどのように位置づけるのかが問われるようになったのである。

しかも、一九九〇年代頃から地方分権を求める声が急速に高まってくる。それは一九九〇年代に設置された第三次臨時行政改革推進審議会の活動が雄弁に語っている。この第三次行革審は、国民生活にかかわる事柄を、身近な地方自治体に委ねるべきだとして、「豊かなくらし部会」の最終答申で、「豊かなくらし」のために地方分権改革を打ち出していく。このような地方分権改革の動きは、一九九五(平成七)年の地方分権推進法となって結実する。

しかも、地方分権改革の動きは、税制改革にも投影されてくる。その結果として地方分権改革という視座から、国税と地方税の適切な組み合わせ、つまり国税と地方税との税源配分の改革が、税制改革の喫緊の課題として浮上してくることになる。

こうして「所得から消費へ」さらには「広くうすい負担」という合言葉のもとで生じていた、直接税中心主義から間接税中心主義へと移行していく税制改革の流れに、地方分権推進という観点から、税源配分の改革によって地方税を強化するという改革課題が加わることになる。このような歴史の潮流の変化を背景に、地方税としての付加価値税を検討していた研究会も、その研究課題を変化させる。つまり、研究会では、企業課税としての付加価値税の地方税への導入を検討していたけれども、地方税としての消費型付加価値税を導入していくことへと、研究の課題が移っていくことになる。

日本で消費型付加価値税つまり消費税が導入されたのは、一九八九(平成元)年のことである。しかし、この税制改革では、地方分権という観点は軽視され、創設された消費税の五分の一、つまり二〇%が消費譲与税とされる。譲与税とは本来は、地方税として課税したいのだけれども、税務行政上の理由などで国税とし、その税収の一部ないしは全部を地方収入とする地方税の課税形態である。

既に述べたように、この消費税創設時と比較して、一九九〇年代に入ると、地方分権改革の流れが急速に強まっていた。消費譲与税はあくまでも、国から地方への移転財源である。もちろん、国に依存する移転財源を、地方自治体の自主財源に改めれば、地域住民の意思にもとづいた自己決定権は、著しく拡大する。つまり、移転財源である消費譲与税を、自主財源たる地方消費税に改めれば、地方分権は飛躍的に推進されることになる。

地方財政の自主財源を充足強化するために、地方消費税が創設されたのは、衆参両院で全会一致のもとに、地方分権の推進に関する国会決議がなされた、一九九三(平成五)年の翌年にあたる一九九四(平成六)年のことである。一九九三年の政府税制調査会の『今後の税制のあり方についての答申――「公正で活力ある高齢化社会」を目指して』では、「地方自治の推進を図るため、また、地方税における直間比率是正のために、現行消費譲与税を地方独立税としての地方消費税に組み替えるべきではないか」という意見が示されている。そのため政府税制調査会に「地方税財源問題ワーキング・グループ」が設けられ、地方消費税を含む地方税源問題が論議されることになる。私もそこに、専門委員として参加することになる。

地方消費税の実現へ向けて

私は未来への道案内を引き受けるほど、自分の学問に自信があるわけではない。しかし、民主主義に価値を置き、地方分権を唱道してきた東京大学の伝統的な財政学を継承する者として、恩師の教えによって、道案内を務めなければならないと覚悟を決めた。私は、『付加価値税論』(税務経理協会、一九七三年)を著し、付加価値税研究の比肩することなき第一人者である佐藤進先生の継承者である。そのため佐藤先生の教えを歴史に活かす使命があると思い、私は緊張感をもって税制調査会の専門委員を引き受けたのである。

私は佐藤進先生の教えを読み解きながら、地方分権を推進するには、現代の租税体系の基幹税である所得税と付加価値税を、国税と地方税とにどのように配分するかが鍵を握ると考えていた。もちろん、理念型で考えれば、スウェーデンのように所得税を地方税に、付加価値税を国税に、と設定したり、アメリカのように所得税を国税に、一般消費税を地方税に、という税源配分もないわけではない。しかし、私は佐藤先生の教えを導き糸にしながら、所得税と付加価値税を、どのように国税と地方税に税源配分するかを模索していた。間接税については、取引段階の川上で課税する租税は国税に、川下で課税する租税は地方税に、という税源配分が原則である。しかし、すべての取引段階で課税される付加価値税については、どのように配分すべきかを構想しなければならなかったのである。

付加価値税の税源配分を構想する研究の手掛かりは、その当時のヨーロッパ統合にともなう付加価値税の共通化にあった。消費課税としての付加価値税が世界で初めて導入されたのはブラジルで、地方税として導入されている。その後ヨーロッパで、一九六七年にデンマークが、続いて一九六八年に西ドイツ、フランスが導入する。

消費課税では課税権をめぐって、原産地原則(the origin principle)と仕向地原則(the destination principle)がある。財・サービスの取引に課税する際に、財・サービスを移出する原産地に課税権があるか、移出される仕向地に課税権があるかによって、原産地原則か仕向地原則かが決まる。原産地原則では輸出は課税され、仕向地原則では輸出は非課税となる。

日本の消費税は仕向地原則を採用しているため、消費税を地方税化することは不可能であると議論されていた。ところが、地方税として付加価値税を導入しているブラジルでは、国内取引については原産地原則を採用し、国境税調整では仕向地原則を採用していたのである。

ヨーロッパでは市場統合にともない、共同市場の域内では原産地原則へ移行することにし、それにともないクリアリング・ハウス制度、つまり清算制度を導入することにしていた。とはいえ、税率の統一も実現できず、暫定的に仕向地原則を維持することにしていたのである。

こうしたヨーロッパの動きを念頭におきながら、私は地方消費税を創設する構想を練っていた。佐藤進先生はその当時、地方財政審議会の会長を務められていた。「地方税財源問題ワーキング・グループ」には、佐藤先生の後継者として地方財政審議会の会長に就任されることになる、伊東弘文九州大学教授も参加されていた。ドイツ財政研究を専攻し、佐藤先生にも師事していた伊東教授は、ヨーロッパの動きを念頭に原産地原則にもとづく地方消費税を提唱されていた。

消費税は多段階の取引段階で課税される消費型付加価値税である。地方消費税創設に反対する議論は、次のように主張する。すなわち、多段階の取引ごとに課税される地方消費税を創設すれば、地方消費税の税収は、多段階の取引が行われるそれぞれの地域に帰属してしまう。しかし、消費税の負担者は最終消費者であり、税収は最終消費地に帰属させせなければならない。したがって、地方消費税は地方税として成り立たず、導入するのであれば、小売売上税であると唱えられたのである。

とはいえ、地方税は公平の原則からいえば、応益原則で課税されるのが基本原則である。つまり、地方自治体の提供する公共サービスの対価として、地方税は課税されることになる。固定資産税は地方自治体の提供する様々な公共サービスによって、保護されている固定資産の所有権が受けている利益に対する対価として課税されるため、固定資産の所有者は地域社会の住民でなくとも、固定資産の存在する地域社会に納税することになる。

地方税としての消費課税も、地方自治体の提供する公共サービスによって、地方市場の取引が保護されているという利益の対価として課税される。もちろん、消費者が享受する公共サービスの利益とは、小売という最終取引のために、地方自治体が提供した公共サービスの利益だけではない。その前段階の取引も、地方自治体が提供する公共サービスの保護のもとに、地方市場が機能して営まれている。そうだとすれば、最終取引までの地方市場での取引に対して、それぞれの地方自治体が提供している公共サービスの利益についても、その対価を負担すべきである。このように考えてくれば、それぞれの取引段階ごとに、地方自治体が提供する公共サービスの対価として課税される地方消費税は、地方税にとって望ましい租税だということができる。

結果として地方消費税は実現した。それは、「両税委譲」(一九二〇年代に、国税であった地租と営業税を地方税として課税権を地方に委譲することで、地方の財政強化と農村に対する減税を図ろうとした政策)が求められた大正デモクラシー以来、日本の民主主義運動が求め続けてきた、国税から地方税への移譲が実現した瞬間であり、私にとっては、自己の歴史的責任が解除された瞬間であった。こうして一九九四(平成六)年の税制改正で、消費税率が三%から五%に引き上げられるとともに、地方消費税が創設され、税率四%の国税としての消費税とともに、一%の地方税としての地方消費税が課税されることになったのである。

地方分権改革の意義に向き合う

地方消費税の創設に携わった経験は、私の人生にとって決定的意義をもつ契機になった。それは現実に生じている現象との緊張関係のもとに、自己の学問を充実させようとする契機になったからである。メダルの裏側から表現すれば、実践的知識の豊かな官僚たちという、私の学問を導いてくれる師を得る機会となったことである。

私に地方税の研究会に参加する機会を与えてくれたのは、自治省府県税課長だった瀧野《たきの》欣彌《きんや》氏と、同課課長補佐だった安田充氏である。二人とも、後に総務省の事務次官を務められている。もっとも、二人の上司として、後に衆議院議員を務められる滝実自治省税務局長がいた。また、地方消費税が実現するまでに、課長補佐が安田充氏から務台俊介氏へ、さらには丸山淑夫《としお》氏へと替わり、私は多くの自治官僚から実践的知識を学んでいくことになる。

私が地方消費税創設に携わることは、後に振り返ってみると、私の生涯を賭けた実践として、地方分権改革への参加を選択したことを意味していた。敢えて繰り返せば、地方分権は私の継承する東京大学の伝統的財政学が求めてきた基軸的価値でもある。

それと同時に、私は地方分権改革に、私の生きている時代の特殊歴史的意義を見出していた。というのも、私が「生」を受けている時代は、前章でも述べたように「システム改革」の時代である。しかも、その「システム改革」の基軸は、地方分権改革にあると認識していたからである。

社会全体のシステムを改革する必要があると認識される現在の「システム改革」の時代に、実施されている現実の「システム改革」は、「公共の領域」をダウン・サイジングし、「市場の領域」を無批判に拡大していく改革である。しかし、競争原理にもとづいて「市場の領域」が無原則に拡大された結果、家族やコミュニティなどという社会システムの機能が解体され、「不安社会」に陥ってしまっている。

「公共の領域」がダウン・サイジングされていく背景には、中央政府という「遠い政府」による参加なき所得再分配国家が、「地域社会」という社会システムを基盤としていないために、アパシー現象やアノミー現象をもたらしていることがあると考えられる。そうだとすれば、地方自治体という身近な政府が、地域社会という社会システムを活性化させ、民主主義を有効に機能させていくことによって、社会統合を果していくべきだと、私は自得していた。つまり、「公共の領域」をダウン・サイジングするのではなく、中央集権から地方分権へと再編していくことこそ、「システム改革」の基軸だと考えていたのである。

地方消費税の創設が決定された頃、東京大学の私の研究室に地方分権推進委員会の事務局次長を務めていた石井隆一氏が訪ねてこられた。要件は地方分権推進委員会に専門委員として、参加するようにとの依頼であった。出会いは偶然的でも、必然的な人間関係を形成することがある。この石井氏との出会いは私の人生にとって、必然的な出会いであった。それ以来、石井氏と「生」を共にすることになっていくからである。

この石井氏の依頼を、私は引き受けることにした。地方分権とは人間の生活と未来を決定する権限を、国民の一人ひとりに移譲していくことであり、人間の解放という私には重すぎる使命を、ささやかなりとも果すことができると考えたからである。

地方分権推進委員会は一九九三(平成五)年の「地方分権の推進に関する決議」にもとづいて、一九九五(平成七)年に制定された地方分権推進法によって設置されている。地方分権推進委員会は秩父セメント社長などを務めた財界の論客であった諸井虔《けん》氏を委員長に、堀江湛氏、桑原敬一氏、長洲《ながす》一二《かずじ》氏、西尾勝氏、樋口恵子氏、山本壮一郎氏の七名の委員から構成されていた。そのもとに専門委員が配置されたけれども、財政関係の専門家がいないので、私に参加するようにとのことであった。

自分のような者にでも声をかけてくれたのだからと思い、仕事を選ぶことなく引き受ければ、必ず望外の学びをすることができるという佐藤進先生の教えは、真理を語っていた。地方分権推進委員会への参加により、実践によってしか身につけることのできない学びを体験することができた。しかも、多様な分野の指導者から豊富な実践的知識を学べたのである。

宮城県知事を務められた山本壮一郎氏の口から出る言葉は、人生の教訓に満ちた文字通りの箴言となっていた。東京家政大学教授で女性問題の研究者でもあった樋口恵子氏と行動を共にすれば、信念と実践とを融合する術を学ぶことができた。しかし、私が何よりも神に感謝をしなければならないことは、諸井虔氏と西尾勝先生との出会いを演出してくれたことである。

諸井虔氏は財界のリーダーであった。そのため行動を共にすること自体が学びとなった。私が財政の研究者ということもあり、諸井氏が官邸や関係機関に財政問題で説明に赴く際には、私を伴われた。

行き帰りの車中で受ける諸井氏からの教えは、私にとっては何事にも替え難い宝物となっている。

財政にかかわる事柄については、諸井委員長が私に全幅の信頼を寄せていることを、私は実感できた。私は自分が尊敬する人に、信頼される喜びを噛み締めた。地方分権推進委員会が任務を終えてもなお、私は諸井氏に「生」を共にする機会を与えていただいた。諸井氏の奥様が逝去された直後に、諸井氏と私がよく食事を共にしたレストランの支配人から、諸井氏を励ましに訪れてほしいと依頼された。しかし、私は恩知らずにも、その機会を見出せないうちに、諸井氏は二〇〇六(平成一八)年、天に召されてしまったのである。

西尾勝先生は行政学のリーダーである。行政学も財政学もドイツでは、その淵源は、前章で触れた官房学にある。私は幸福者である。行政学も財政学も望むべくもない指導者から教授を受けることができたからである。

西尾先生は地方分権改革の旗手である。日本における地方分権改革の歴史を語ることは、西尾先生の活動の足跡を語ることに等しいといってよい。私などは畏敬する西尾先生の背中を見つめながら、地方分権改革に参加していたにすぎないのである。

「機関委任事務」の廃止がもつ意味

地方分権推進委員会は一九九六(平成八)年に、「機関委任事務」の廃止を打ち出した歴史的な『中間報告』を公表する。その当時は、地方自治体の事務つまり仕事は、大きく「自治事務」と「機関委任事務」とに分かれていた。自治事務はさらに「公共事務」「団体委任事務」「その他の行政事務」という三つの事務から構成されていた。「公共事務」とは、地方自治体の自治そのものと考えられる事務であり、固有事務とも呼ばれていた。「団体委任事務」とは、法律や法律にもとづく政令によって、中央政府や上位の地方自治体から委任された事務である。「その他の行政事務」は、文字どおり、その二つに属さない事務となる。

こうした「自治事務」に対して「機関委任事務」とは、法律や法律にもとづく政令によって、地方自治体の知事・市長・町村長といった「長」などの「機関」を、中央政府の「機関」とみなして執行を義務付ける事務である。「自治事務」のうち「団体委任事務」は、地方自治体のもとに委任される。そのため委任されると、地方自治体では条例などを制定して、その地方自治体の事務として処理されることになる。

これに対して「機関委任事務」は、あくまで委任する中央政府などの事務である。そのため地方自治体の議会は、機関委任事務には関与できないことになっていた。しかも、機関委任された首長などが執行を怠った場合には、主務大臣が執行を命じることができ、命令に従わない場合には、執行に応じるように裁判所に訴訟を起こすこともできた。それでも従わない場合には、主務大臣による代執行が認められていたのである。

このような機関委任事務の存在によって、日本の地方自治体は住民が決定する事務を執行する政府であるとともに、中央政府などの決定する事務を執行する政府にもなっていた。しかも、驚くべきことには、地方自治体の事務のうち、市町村の事務では四〇％から五〇％が、都道府県の事務では八

○%から八五%が機関委任事務だといわれていたのである。

地方分権推進委員会の『中間報告』は、こうした機関委任事務の廃止を打ち出した。この画期的な『中間報告』も、地方分権推進委員会をリードしていた西尾先生の手によるものと表現しても、いいすぎではないのである。

私は『中間報告』の策定過程で、機関委任事務を廃止する事務区分の再編と、補助金・負担金の整理・合理化とを結びつける私案を作成していた。機関委任事務の廃止などの事務区分の再編という行政面での分権化と、補助金・負担金の整理という財政面での分権化とを結びつけなければ、財政面での分権化が進まないと判断していたからである。諸井委員長は私に、機関委任事務の廃止に改革の焦点を絞るため、今回は「泣いてほしい」と告げられ、その私案は日の目を見ることはなかったのである。

『中間報告』を出した直後に、地方分権推進委員会に二つの作業グループが設けられることになる。一つは西尾勝先生が座長を務める行政関係検討グループであり、もう一つは私が座長を務める補助金・税財源検討グループである。もちろん、行政関係検討グループの作業を優先させざるをえない。というのも、機関委任事務の廃止という画期的な改革の後にただちに生じる課題として、事務の振り分けを詰めなければならないからである。

私が座長を務める補助金・税財源検討グループでは、補助金・負担金の整理・合理化と、地方税財源の充実強化が課題となる。つまり、財政面での地方分権改革を進めることが使命となる。

佐藤進先生の教えに従うと、日本の地方分権改革では機関委任事務の廃止と税源移譲が車の両輪とならなければ進まない。機関委任事務の廃止は実現したけれども、税源移譲どころか、補助金の一般財源化すら思うに任せない状態にとどまっている。それはすべて私の力量のなさによる結果だといってよい。

前述したような体制のもとで、地方分権推進委員会は第一次から第五次にわたる勧告を発表する。こうした勧告を実現すべく、四七五本の法律を一括改正する「地方分権の推進を図るための関係法律の整備等に関する法律」、いわゆる「地方分権一括法」が一九九九(平成一一)年に成立したのである。

一九九三(平成五)年の「地方分権の推進に関する決議」から、一九九九年の「地方分権一括法」の成立にいたるまでの地方分権改革を、第一次分権改革と呼んでいる。この第一次分権改革は「地方分権改革の理念構築」を成し遂げ、「機関委任事務の廃止」と「国の関与の基本ルールの確立」を実現した。とはいえ、西尾勝先生の言葉で表現すれば、第一次分権改革は「未完の改革」といわざるをえない。地方分権推進委員会の『最終報告』では、「今次の分権改革は第一次分権改革と呼ぶべきものであって、分権改革を完遂するためには、これに続いて第二次、第三次の分権改革を断行しなければならない」と指摘していたのである。

「三位一体の改革」の挫折

第一次分権改革が残した最大の課題は、財政面での分権改革である。もちろん、それは私の責任である。こうした残された課題に対応するために、東芝の会長であった西室泰三議長のもとに地方分権改革推進会議が設けられる。ところが、地方分権改革推進会議には諸井虔氏も、西尾勝氏も参加しない。私はたった一人、残された存在として、地方分権改革推進会議に参加することになったのである。

私は自分の使命を省察した。佐藤進先生の教えに従えば、行政面では機関委任事務の廃止が実現した以上、財政面での税源移譲が地方分権改革の残された課題となる。しかも、財政面での地方分権では、付加価値税と所得税という二つの基幹税を、国税と地方税とにどのように配分するかが決定的な意義をもつ。付加価値税の税源配分についていえば、ひとまず地方消費税の創設を達成している。そうなると、もう一つの基幹税である所得税の税源配分を見直すことが残された課題となる。

というよりも、基幹税としての所得税をどのような原則に従って、国税と地方税に配分するのかを省察しておく必要がある。それまでは国税としての所得税も、地方税としての所得税である住民税も、いずれも累進税率で課税されていた。しかし、国税は応能原則で、地方税は応益原則で課税することが、租税原則の基本である。

そうだとすれば、国税としての所得税は累進税率で課税し、地方税としての住民税は比例税率で課税すべきだということになる。しかも、住民税を比例税率に改めると、その当時でいえば三兆円の税収を、国家財政から地方財政へ移譲することが可能になっていたのである。

そこで私は国税の所得税を移譲と組み合わせ、地方税の住民税を比例税率に改めることを提唱した。この私の構想を、前述したように金子勝氏が支持しようとして企画されたのが、一九九八（平成一〇）年に刊行した神野直彦・金子勝編著の『地方に税源を』である。この構想が「三位一体の改革」に影響を与えたことは間違いない。しかし、現実の「三位一体の改革」は、私たちの意図した分権改革の目的が換骨奪胎される内容となってしまうのである。

地方分権改革推進会議の議論を受け、二〇〇四(平成一六)年から二〇〇六(平成一八)年にかけて、財政面での分権改革として、「三位一体の改革」が推進される。すなわち、「国庫補助負担金の廃止・縮減」「税財源の移譲」「地方交付税の一体的な見直し」という地方自治体に関する行財政システムの三つの改革を一体として実現することを目指す政策が実施されていく。

もっとも、現実の「三位一体の改革」は、地方分権改革推進会議よりも、経済財政諮問会議を主要な舞台として展開されていく。経済財政諮問会議は二〇〇一(平成一三)年の省庁再編にともない、総理大臣を議長として経済政策の司令塔として設けられている。この経済財政諮問会議は、取り上げる重要政策課題として、地方財政の改革を掲げる。しかし、ここでの地方財政改革の目的は、財政再建あるいは経済再生とされていたのである。

そもそも「三位一体」の言葉は、二〇〇二(平成一四)年に閣議決定された「骨太の方針二〇〇二」で初めて使用される。この「骨太の方針二〇〇二」を踏まえて、地方分権改革推進会議に対して総理大臣から、「三位一体の改革」につながる国と地方の事務・事業のあり方、国庫補助負担金の廃止などに関する原案を一〇月を目途に策定するように指示があった。そのため地方分権改革推進会議は一〇月三〇日、「事務・事業の在り方に関する意見」を提出することになる。しかし、この意見は国庫補助負担金の廃止・縮減に触れていたとはいえず、地方自治体からの反発を招く結果となる。

二〇〇三(平成一五)年になると、「骨太の方針二〇〇二」の方針に沿い、「三位一体の改革」の具体案を取りまとめる動きが活発化する。地方分権改革推進会議でも「三位一体の改革」の具体案をめぐって議論をするけれども、目的が地方分権の推進から逆方向へと転換し、審議は混乱する。混乱のうちに六月六日、地方分権改革推進会議は意見の取りまとめを強行する。

この地方分権改革推進会議の最後の会議の日、つまり二〇〇三(平成一五)年六月六日に、偶然にも会議が開催される永田町合同庁舎の前で、西尾勝先生と出会った。西尾先生は私に、自分の信念に従って行動せよと告げられた。私は西尾先生の教えに従って、地方分権改革推進会議に提出されたまとめ案に反対し、妥協することなく信念に殉教したのである。

結論を言えば、経済財政諮問会議が主導した「三位一体の改革」では、税源移譲が約三兆円実現するものの、国庫補助負担金の廃止・縮減が約四・七兆円実施されるとともに、地方交付税が約五・一兆円削減されてしまう。つまり、地方自治体の判断で使用可能な一般財源が大幅に減少するという、地方分権改革の「目的」を見失ったとしかいいようのない改革が実行されてしまったのである。

「参加社会」を目指して

とはいえ、「未完の改革」を再稼働すべく、地方自治体は二〇〇六(平成一八)年に、国会と内閣に「地方分権の推進に関する意見書」を提出する。こうした動きを受けて、同年に「地方分権改革推進法」が成立し、第二次分権改革がスタートしたのである。

「地方分権改革推進法」にもとづいて、伊藤忠商事会長だった丹羽宇一郎氏を委員長とする地方分権改革推進委員会が発足する。この委員会には、私はもちろんのこと、当初は西尾勝先生も参加していなかった。しかし、二〇〇七(平成一九)年八月に増田寛也氏が総務大臣に就任するにともない、西尾先生が委員に就任されることになったのである。

地方分権改革推進委員会は二〇〇八(平成二〇)年に第一次勧告と第二次勧告を、二〇〇九(平成二一)年に第三次勧告と第四次勧告を公表する。こうした四次にわたる勧告を受けて、二〇一一(平成二三)年四月に「地域の自主性及び自立性を高めるための改革の推進を図るための関係法律の整備に関する法律」つまり「第一次一括法」が、さらに同年八月に「第二次一括法」が成立する。続いて二〇一三(平成二五)年に「第三次一括法」が、二〇一四(平成二六)年には「第四次一括法」が成立したのである。

私は地方分権改革推進委員会には参加していない。ところが、四次にわたる勧告を出し、地方分権改革推進委員会が任務を終えると、二〇一三(平成二五)年に新たな地方分権改革の推進体制が打ち出される。それは内閣総理大臣を本部長とする地方分権改革推進本部のスタッフとして、地方分権改革有識者会議を設置するという推進体制である。

私は地方分権改革有識者会議の座長に指名される。運命の女神の悪戯で第二次分権改革には参画していなかった私が、前述の「第三次一括法」と「第四次一括法」をとりまとめることになる。それと同時に、私には新しいステージでの地方分権改革を推進する使命が与えられることになる。私は残り少ない生命の灯を燃やす、最後の仕事に挑むことになったのである。

地方分権改革有識者会議の座長を務めることになった私に、地方分権改革担当の新藤義孝内閣府特命大臣は、地方分権改革を推進する国民的情熱が失われつつあるのではないかという危機意識を吐露された。しかし、新藤大臣は地方分権改革を推進する歴史的使命はむしろ高まっていると認識されていた。とはいえ、国民が地方分権改革を推進すべきだという情熱を燃やさない限り、地方分権改革を進めることは至難の業ではないかと考えられたのである。

「地方分権の推進に関する決議」によって、日本が地方分権改革に着手してから二〇年の歳月が流れている。人間でいえば、一度死んで生まれ変わる、成年式の儀式が執り行われることになる。しかし、二〇年に及ぶ地方分権改革の成果を、国民は実感をしていないのではないかと、新藤大臣は指摘する。そのため行き詰っていると思われる地方分権改革を、新たなステージで再び「点火」する方策を、地方分権改革有識者会議は模索した。こうして地方分権改革有識者会議は、新しいステージでの地方分権改革の方向性を示す『個性を活かし自立した地方をつくる――地方分権改革の総括と展望』を、二〇一四(平成二六)年に公表したのである。

この『総括と展望』では、地方分権改革を中央政府主導の「上からの改革」ではなく、地方自治体主導の「下からの改革」に改めることを提起している。つまり、中央政府に委員会を設置して、制度改革を実施するのではなく、地方自治体から制度改革の提案を募るという「提案募集方式」を採用したのである。

地方自治体からの「提案募集方式」は、地方分権改革の成果を活用することを前提としている。というのも、二〇年にわたる地方分権改革の成果を活用してもなお、中央政府の制定している制度によって、地域住民の生活実態に合致した公共サービスを提供するのに、支障を来す事例が生じている場合には、それにもとづく制度改革を地方自治体が提案することになるからである。

しかも、新たなステージでの地方分権改革は、「団体自治」の段階から「住民自治」の段階へと、歩を進めることを意味している。「提案募集方式」で住民が声をあげれば、それが地方自治体からの提案を通じて、住民のニーズに合致した公共サービスの提供を実現することと結びつくからである。住民が声をあげれば、改革に進み、幸福が実感できるとなれば、住民はますます地域社会で解決する必要のある共同の困難に関心をもつ。もちろん、地域住民の解決への取り組みによって、「住民自治」が活性化していくことになる。

人間の歴史は混乱している。とはいえ、ポピュリズムという言葉が象徴しているように、人々は政治を観客として楽しむ傾向がある。こうした「観客社会」から、社会の共同の困難に対する問題解決者として自発的に行動する「参加社会」へと転換しなければ、人間は新しい時代を形成できまい。私は新しいステージでの地方分権改革が、「参加社会」への一歩となることを願い、その実践に携わっている。

宇沢弘文先生という巨人

宇沢弘文先生が風のように、ふわりと私の前に現れたのは、私が地方分権改革の実践活動を始めた頃のことである。それは宇沢先生から、ご自身の主宰する地域研究の研究会に参加するようにとの便りをいただいたからである。したがって、私は同じ時期に、西尾勝先生と宇沢弘文先生という願ってもない指導者と出会う幸運に恵まれたのである。

出会いとともに私は、宇沢先生の虜となった。研究会が終わると、酒席に誘われた。というよりも、社交的な飲み場として、こよなくバッカスの神を愛された宇沢先生は、研究会の後には、参加者と杯を傾け合うことが慣習となっていたのである。それはバッカスが導く豊穣な対話を、宇沢先生が好まれたからである。

誘われた酒席で、深い考えもなく私は、宇沢先生が注ぐ杯を断ってしまった。宇沢先生は笑顔を曇らすこともなく、私との楽しい語らいを続けられた。最初の出会いから、私は宇沢先生に酒席へと誘われ続けるけれども、最初の酒席以降、宇沢先生は私に酒を勧めることを慎まれた。酒を飲むこともせずに、宇沢先生に酒席に陪席することを許された者は、珍しいかもしれない。

宇沢先生は現代の天才的語り部である。酒席での宇沢先生の語りには、たちまちのうちに魅了されてしまう。その語りは真実ともフィクションともつかない、心をときめかせる物語としての面白さがあった。しかも、宇沢先生の語り口から伝わる熱き思いに、知的興奮が掻き立てられていく。

私は宇沢先生との最初の出会いで、宇沢先生の語りの囚《とら》われの身となってしまう。しかも、その語りの背後にある「人間主義」とも呼ぶべき思想を信じる敬虔な信者に、私は帰依したのである。

大学などでの学校で教えを受けた師を、恩師と表現するのであれば、私にとって宇沢先生は恩師ではない。宇沢先生が東京大学に赴任されたのは、東大闘争で混乱していた、私が四年生に在学していた時だったからである。しかも、皮肉にも私の日産自動車在職中に、宇沢先生の『自動車の社会的費用』(岩波新書、一九七四年)がベストセラーになっていく。モータリゼーションが進行していく時代において、それに伴う社会的な負担を具体的に示し、警鐘を鳴らした不朽の名著という評価を確立していく。

私が宇沢先生を恩師と仰ぐのは、私の自由意思によって、宇沢先生に教えと慈しみを受けた恩義があると考えているからである。しかも、学問研究の指導を受けたという師にとどまらない。もちろん、宇沢先生は偉大な経済学者である。しかし、それだけにとどまらず、私にとって宇沢先生は、人間として尊敬してやまない、私の最も憧憬する人間なのである。つまり、いかに生きるべきかを導いてくれた人生の師なのである。

宇沢先生と行動を共にするようになってから、私の研究は狭義の財政学の領域を逸脱することになる。というのも、私が焦りもがきながら求めていた、市場の領域だけではなく、非市場の領域をも包摂する総合的社会科学としての財政学を充実させていくために、宇沢先生が提唱される「社会的共通資本の経済学」は導き星となったからである。

「社会的共通資本の経済学」では、自然や水道、病院、教育などという非市場領域を、「一つの国ないし特定の地域に住むすべての人々が、ゆたかな経済生活を営み、すぐれた文化を展開し、人間的に魅力ある社会を持続的、安定的に維持することを可能にするような社会的装置」という「社会的共通資本」として位置づけている。それは市場の領域と非市場の領域をも包摂した、総合的社会科学の構想として、私を導くことになったのである。

先述した地域研究の研究会には、宇沢先生のヨーロッパ都市研究の水先案内人である岡部明子先生が参加されていて、都市工学について多くを学ぶことになる。この地域研究の研究会での成果を、私は二〇〇二(平成一四)年に『地域再生の経済学』としてまとめている。この『地域再生の経済学』に石橋湛山賞が授与された。宇沢先生にはこの受賞を殊のほか、喜んでいただき、石橋湛山記念財団の機関誌『自由思想』に過分な賛辞を執筆していただいたことは、序章で述べたとおりである。

コモンズと信州ルネッサンス

宇沢先生に導かれながら、私にとっては門外漢の領域である教育や環境の領域へと研究対象を広げていく。教育については『教育再生の条件——経済学的考察』(岩波書店、二〇〇七年)として公刊している。さらに川の環境については、吉野川の可動堰や八ッ場ダムの問題で、私は宇沢先生と行動を共にしたのである。

宇沢先生は風の如くに、私の前に現れる。私の研究室に、突然の如くに現れ、図書館から『ベバリッジ報告』を借りてほしいと頼まれもした。しかし、そうした際には、必ず食事を共にさせていただいたので、私にとっては有意義な授業を受ける貴重な時となっていたのである。

長野県知事だった田中康夫氏が、二〇〇二(平成一四)年に知事の職を辞して再任を問う時には、宇沢先生のもとで、私が長野県の総合計画として「スウェーデン・モデル」を作成することが週刊誌に報じられた。宇沢先生らしく、私には何の相談もなく、田中知事からこの仕事を引き受けられていたようである。田中氏が長野県知事に再任されてから、宇沢先生の自宅で初めての打ち合わせをすることになったのである。

とはいえ、この機会は宇沢先生の「社会的共通資本の経済学」を体系的に学ぶ貴重な体験を与えてくれた。というのも、川の環境問題である田中氏の「脱ダム宣言」に端を発したとはいえ、宇沢先生が座長を務める長野県総合計画審議会専門委員会のもとで、長野県政全般にわたるアジェンダを構想することになったからである。

この仕事のために宇沢先生の賢弟である宇沢充圭《みつよし》医師の軽井沢の別荘で、宇沢先生とともに合宿したことを、奥深き緑の薫りとともに懐かしく想起する。もちろん、そこで開催される酒席は、私にとっての最高の学びの場である。こうした成果は長野県総合計画審議会答申『未来への提言――コモンズからはじまる、信州ルネッサンス革命』(二〇〇四年三月)として公表している。

この答申は事実上、二〇一〇(平成二二)年から長野県知事を務めている阿部守一氏と私が、宇沢先生の政策思想を反芻しながら編集したものである。答申をまとめるにあたって、宇沢先生は私に「僕はコモンズという言葉にこだわりたいんだよね」と呟かれた。それは社会的共通資本の管理主体を、市場か国家かという二項対立を越えて設定するには、コモンズという概念抜きには構想できないからである。私は宇沢先生のそうした思想をどのように表出させるかに悩みながら、この答申をまとめあげたつもりである。

二つの「9・11」

私には宇沢先生から褒められた記憶しかない。「褒めて育てよ、良い子ども」を実践されたからに違いない。私は宇沢先生に褒められるたびに、自分を叱咤激励したものである。

想い出すのは、私が雑誌『世界』の二〇〇七(平成一九)年一一月号に寄せた拙い論文(「経済を民主主義の制御のもとへ」）を読まれ、ただちに私に送られてきた宇沢先生からの便りである。受け取った宇沢先生からの讃辞に、私はどのように生きるべきかを思い巡らせた。その宇沢先生の便りを宇沢先生に許しを願い、一部を紹介すれば、次のようになる。

『世界』のご論攷「経済を民主主義の制御のもとへ」、感動を込めて拝読させていただきました。一九七三年九月一一日、私はシカゴにいました。たしか、Al Harburgar〔引用者注：アメリカの経済学者アーノルド・ハーバーガー（Arnold C. Harberger）のこと〕の家でかつての同僚たちとの集まりに出ていたとき、たまたま、チリのアジェンデ大統領が殺されたという知らせが入った。その席にいた何人かの Friedman〔引用者注：アメリカの経済学者ミルトン・フリードマン（Milton Friedman）のこと〕の仲間が、歓声をあげて、喜び合った。私は、そのときのかれらの悪魔のような顔を忘れることはできない。それは、市場原理主義が世界に輸出され、現在の世界的危機を生み出すことになった決定的な瞬間だった。私自身にとって、シカゴと決定的な決別の瞬間だった。ご論攷の冒頭に、アジェンデ虐殺のことに触れられていることに、何ともいいようのない感動を覚えます。「トリクルダウン効果」ではなくて「ファウンテン効果」もすばらしいアイデアですね。「ファウンテン効果」が現実のものとなるような制度こそ、私たち経済学者が求めているのではないでしょうか。社会的共通資本の考え方を模索していた頃の、私の気持ちをじつにぴったり表現しているように思われます。

私は『世界』の編集部から寄稿を依頼された論文を、一九七〇年に世界で初めて自由選挙で誕生した社会主義政権を率いるアジェンデ大統領が、一九七三年九月一一日に、アメリカの支援を受けたピノチェト将軍の率いる軍のクーデターにより、死亡した時の最後の演説から始めた。つまり、「私は諦めない！　この歴史的瞬間に際して、私はわが人民の忠誠に死をもって応えなければならないことを知っている」というアジェンデの演説の引用から稿を起こしたのである。

というのも、私が日本財政学会の責任者を務めていた時に、東京大学で開催した学会で、宇沢先生に依頼した基調講演を思い出したからである。この基調講演は二〇〇一年九月一一日に航空機を使用した、アメリカ同時多発テロ事件の発生直後に行なわれた。アダム・スミスの『国富論』が刊行された一七七六年には、社会科学者にとって必読の古典がもう一冊、世に出ている。それはギボン(Edward Gibbon)の『ローマ帝国衰亡史(The History of the Decline and Fall of the Roman Empire)』である。そう指摘した上で宇沢先生は、ローマ帝国の滅亡するきっかけとなる三九八年のアラリークの侵略と同様に、アメリカ帝国の滅亡を9・11事件が告げているのではないかと指摘されながら、一刻も早くアメリカが世界史の表舞台から姿を消すことを願うとして、講演を締め括られたのである。

この宇沢先生の講演を念頭に私は、民主主義と市場経済との関係を考える上では、もう一つの9・11を忘れてはならないと考えた。それは第二次大戦後のパクス・アメリカーナを支えた民主主義という条件を、アメリカが自ら打ち砕いていく一九七三年の「9・11」である。つまり、社会主義政権の誕生に危機感をもったアメリカが後押しして、軍がクーデターを起こし、それによってアジェンデが死を迎えたことである。

それ故に私は、先の論文をアジェンデの最後の演説から始めた。その上で私は、グローバリゼーションに対抗するにはローカルなものを重視し、民主主義を下から上へと機能させ、世界規模で動き回る資本を規制する民主主義の「器」を形成しなければならないと唱えた。しかも、グローバリゼーションに対抗するには、富が滴り落ちるというトリクルダウン効果（trickle-down effect）を信じるのではなく、生活の豊かさが泉の如くに大地から湧き出すファウンテン効果（fountain effect）のシナリオを描かなければならないと提唱したのである。

ファウンテン効果のアイデアは、一橋大学で経済学を専攻される後藤玲子先生の貨幣論から学んでいる。それを現実化する制度構想を宇沢先生は、私に求めたのである。

とはいえ、私が宇沢先生から拝受した最大の讃辞は、私が東京大学経済学部を定年退職する際の名誉教授会での讃辞である。普段は出席されることのない宇沢先生が、私の定年退職の集いだということで、敢えて出席して下さった。しかも、当時の伊藤元重学部長が閉会されようとした時に、「僕にも一言いわせてほしい」と挙手をされ、三〇分ほども私を讃える熱弁を振るわれたのである。

その熱弁で宇沢先生は、「ベバリッジとケインズの良いところを合わせ持った経済学者」と私を讃美された。それは生涯を閉じてもよいと実感した終生忘れえぬ至福の時となったのである。

果たせなかった宇沢先生からの課題

私は恩知らずである。これほどまでに私を讃えて下さった宇沢先生の期待に、私は応えられなかったからである。私は宇沢先生からご自身の思想の集大成ともいうべき書物を、共同で編集しようと依頼を受けた。しかし、私はこの編集作業を完成させることができなかった。それは後悔してもしきれない万死に値する罪深き不作為なのである。

宇沢先生からの私への指示は、宇沢先生と私が編者となり、『日本の課題――Agenda for the Nation』というタイトルで全三巻から成る書物を編集する作業である。この全三巻の構成について、宇沢先生は既に作成され、私の手元に届けられていた。プロローグは宇沢先生が、エピローグは私が担当することになっていたけれども、宇沢先生はプロローグをも完成させ、私のもとに送られてきていたのである。

この『日本の課題――Agenda for the Nation』は、宇沢先生がケネディ政権下のアメリカでの経験から暖められていた構想で、宇沢先生の思想の集大成ともいうべき企画であった。宇沢先生はこの企画の趣旨説明を、「二〇世紀末から現在にかけて起りつつある経済的、社会的、文化的、政治的錯乱は世界全般に大きな影響を及ぼし、まさに地殻変動といってもよい混乱、混迷、そして変化をもたらしつつある。日本の場合、この影響は特に深刻で、広汎な範囲に及び、その社会的、経済的な変化の規模も大きく、その深刻さは明治以来もっとも厳しいものがあるといってもよい」という言葉をもって始められている。

しかし、宇沢先生はこうした危機の時代こそ、「制度的前提条件を大きく変え、日本経済の面だけではなく、自然、社会、文化すべての面での真の意味で豊かで、住みやすい国に変えるために、この上もない好機である」と主張されている。そのため宇沢先生は、この企画の第一巻のタイトルを、私の言葉をもって「歴史の峠に立って」と付けられていた。それは現代を、破局に向かうか、新しい時代への肯定的解決に向かうか、その分かれ岐としての「峠」にあると認識されていたからである。

しかも、宇沢先生は現在が改革への好機であるというだけではなく、「日本の置かれている政治的、文化的、そして人間的なあらゆる面での閉塞的状況を打ち破り、豊かな国をつくるための制度的改革の可能性が今ほど高まっているときはない」と指摘されている。こうした想いを込めて、第二巻のタイトルを宇沢先生は、「やさしさ、謙譲、心のゆとりを取り戻す」と付されていたのである。

宇沢先生によると、明治維新によって開国され、日本を訪れるようになった外国人が、様々な日本印象記を残しているけれども、いずれの印象記でも共通して指摘している日本人の特色が三つある。それは「やさしさ、謙譲、心のゆとり」だという。つまり、日本人はどうしてこんなにやさしいのだろう、どうして自己主張をしないで譲るのだろう、どうしてこんなにも心のゆとりがあるのかと、日本印象記を著した外国人はいずれも感動していたのである。

ところが、現在では「やさしさ、謙譲、心のゆとり」という日本人の特色を捨てるべきだと説教される。それは競争社会では生き残れないからだとされている。やさしさを示せば、モラル・ハザードが働くぞ、譲れば敗れるぞ、心のゆとりをもたずに、もっと働けという具合にである。

しかし、宇沢先生はそうした日本人の特色を取り戻すことこそ、新しき時代を創ることになると主張された。それは競争社会から協力社会へと舵を切ることが、未来へのシナリオと考えられたからである。

この企画の第三巻には、宇沢先生は「日本のルネサンスを求めて」というタイトルを付けている。

宇沢先生は「新たなルネサンス運動」を唱えていた。「新たなルネサンス運動」とは「富」や「量」を競い合うのではなく、「質」と「美しさ」を競い合う運動である。生活や文化の「質」や「美しさ」を競い合えば、争いを生ずることはなく、幸福と平和がもたらされるだけだと、宇沢先生は唱えたからである。

宇沢先生はルネサンスを、かつてのルネサンスと同じ意味で用いられているけれども、一四世紀から一六世紀にかけて展開されたルネサンスは、「中世の教会による抑圧を超えて、人間的尊厳を保ち、魂の自立を求めようという、真の意味におけるリベラリズムの思想にもとづいて、新しい文化の形成を図ろうというものであった」と説明されている。つまり、宇沢先生は第三巻の「日本のルネサンスを求めて」で、「真の意味におけるリベラリズムの思想にもとづいて、日本の新しい社会の形成」を構想しようとしたのである。

このようにして宇沢先生は、「リベラリズムの思想とその志を共有することのできる知識人、研究者を集めて、日本が直面する重要な課題を取り上げ、その現状を分析し、その解決の糸口を探ろう」と意図して、『日本の課題――Agenda for the Nation』を企画されていた。前述したように、宇沢先生は全三巻の章立ても、その執筆者も決められていた。私が執筆者と交渉し、行動を起こしさえすれば、この企画は実現するばかりだったのである。

しかし、私は無能だった。宇沢先生がこの世に生あるうちに、『日本の課題――Agenda for the Nation』を世に送り出すことができなかった。宇沢先生が二〇一四(平成二六)年に、この世を去った時、私の学問的営為を困難にしていた眼病は悪化していた。視力が急速に衰え、二度にわたる入院を覚悟する状態だったのである。

人間は自己の存在を、他者が自己の存在を認識していることによってしか証明できない。そうだとすれば、自己が存在しなくても、他者の意識のなかに、自己が存在することによって、人間は存在し続けることが可能となるはずである。宇沢先生という巨人は死してもなお、私の意識のなかに存在し続け、私を叱咤激励しているのである。

スウェーデンとの出会い

臨済宗の開祖である栄西が、宋に留学し、初めて杭州に降り立った時、懐かしさが込み上げ、思わず「母なる国」と叫んだと伝えられている。私が航空機の機内の窓から森と湖を眺めながら、初めてストックホルムの空港に降り立つと、懐かしさが込み上げ、思わず「母なる国」と叫びたくなった。スウェーデンには私が幼き頃に、私を包んでくれた緑の絆と人間の絆が溢れていた。そのために故郷を訪れた際に、実感する懐かしさを覚える。それ以来、私にとってスウェーデンは、未来を構想する際の参照基準となる「懐かしい未来」となったのである。

私がスウェーデンを最初に訪れたのは、地方分権推進委員会の活動が一段落した頃であった。私は海外への旅行が好きではない。国際交流そのものに価値があるとは考えないこともないけれども、網膜剥離にトラブルが生じたら二日以内に、帰国しなければならないからでもある。

私の最初の海外旅行は一九九一(平成三)年三月で、中国の上海財経大学での講義であった。それは網膜剝離を手術してから間もない頃のことである。東京大学に赴任した後ではあったけれども、大阪市立大学に在任していた頃から、大阪と上海との協定にもとづいて決定していたと記憶している。上海財経大学から来た王若天という学生を、私は大阪市立大学の大学院で教えていたので、彼が通訳をしてくれたため、講義に苦労をすることはなかった。

その後も中国には、研究調査で何度も足を運ぶことになったけれども、海外旅行で中国の次に訪れた国は、スウェーデンである。それは一九九八(平成一〇)年のことである。眼がトラブルを起こした、いざという時にも、中国からなら容易に帰国できる。しかし、スウェーデンは遠い。直行便もない。そうした不安を拭いながら私は、スウェーデンを訪れることにした。ところが、訪れたスウェーデンは、故郷の懐かしさを湛えた「懐かしい未来」だったのである。

スウェーデンを最初に訪れた時の目的は、地方分権の調査だった。寒きスウェーデンに降り立った私を、温かく出迎えてくれたのは、厚生労働省から在スウェーデン日本国大使館に出向されていた森浩太郎氏である。実は森浩太郎氏は、厚生労働省から地方分権推進委員会の事務局に派遣されていて、私とともに地方分権改革に取り組まれていた。私が補助金・税財源検討グループの座長として、記者会見に臨む際に、同席してサポートしてくれたのは森氏だったのである。

私が地方分権の調査でスウェーデンを訪れた一九九八(平成一〇)年に、在スウェーデン日本国大使館に赴任し、私を迎える準備を整えていてくれた。スウェーデンを調査する前の必読書として、スウェーデンの中学校二年生の社会科教科書であるアーネ・リンドクウィスト、ヤン・ウェステル『あなた自身の社会――スウェーデンの中学教科書』(川上邦夫訳、新評論、一九九七年)が、森氏から送られてきた。この『あなた自身の社会』は私の生涯で出会った意義ある一冊となり、畏れ多くも皇太子殿下にもご紹介申し上げることとなる。

地方分権改革の調査対象としてスウェーデンを選択したのは、地方分権改革の潮流を巻き起こした一九八五年の「ヨーロッパ地方自治憲章」が、モデルとして念頭においていた国が、スウェーデンだと伝え聞いていたからである。とりわけ私が関心を抱いていたのは、所得税を国税と地方税とにどのように配分するかという税源配分の調査であった。

既に述べたように、佐藤進先生の教えに従うと、応能原則にもとづく累進税率による所得税は国税に、応益原則にもとづく比例税率で課税される所得税は地方税にと整理することができる。スウェーデンを調査すると、こうした理論的整理どおりに、所得税の税源配分が実施されていた。そうした税源配分が、どのような変遷を経て実現し、どのような課題を孕《はら》んでいるのかを、悉《つぶさ》に調査することができたのである。

実り豊かな調査が可能になったのは、二人の優秀な道案内人がいたからである。一人は、常に調査に同行してくれた森浩太郎氏である。もう一人は、後に紹介するスティアー純子氏である。この二人の道案内がなければ、悲しみを分かち合い、優しさを与え合いながら生きているスウェーデンの暮らしに、私は学ぶことができなかったに違いないのである。

二人の道案内で調査を進めていくと、私は不思議な感覚に捉われていく。それは私の学んできた東京大学の財政学が理想として追い求めてきた社会が、スウェーデンで実現しているといってもよいのではないかと考えるようになったからである。

私が『システム改革の政治経済学』などでヴィジョンを描くと、そうしたヴィジョンは現実には機能しないという批判に晒される。しかし、スウェーデンの社会を観察すると、私の構想する社会も現実に機能するのではないかという自信をもつことができるようになる。私は、スウェーデンの制度を模倣すべきだと主張するのではなく、傲慢だと想いながらも、私の構想も現実に機能するという挙証として、スウェーデンの例を取り上げたのである。

社会科学では漠然としてではあれ、一定の人間観を前提としている。もちろん、それを自由に選択したが故に、社会科学者は自己の選択した人間観に責任をもたなければならない。東京大学の伝統的な財政学の人間観は、「人間は自由なるが故に連帯する」という大内兵衛先生の言葉に代表されている。悲しみを分かち合い、優しさを与えながら生活しているスウェーデン社会の人間観は、「人間は自立すればするほど連帯する」という人間観である。こうした二つの人間観が同根であるが故に、スウェーデン社会に東京大学の伝統的な財政学が追求してきた社会の理想型を見出すことができたと思われる。

そうだとすれば、地方分権だけに焦点を絞るのではなく、スウェーデン社会全般を調査する必要があるとの思いに、私は駆り立てられた。そのため私は社会保障、教育、環境などとスウェーデン社会全般を調査しようと決意したのである。

私がスウェーデン社会全般を調査しようと決意した背景には、在スウェーデン日本国特命全権大使であった藤井威氏との出会いがある。初めてのスウェーデン訪問の際に、藤井大使は私を歓迎する晩餐会を、大使公邸で開催してくれた。藤井大使は理財局長まで務められた大蔵省の出身者である。

その当時としては、私の思想を支持してくれる数少ない大蔵官僚であった。藤井大使の趣味である夥しい数の蛙の置物に囲まれながら、話は弾んだ。後に『スウェーデン・スペシャル』I—III（新評論、二〇〇二—〇三年）をはじめ、数多くのスウェーデンに関する著作を出される藤井大使から、スウェーデン社会についての最高の講義を受けたことになる。もちろん、私は知的興奮を掻き立てられ、多い時には年に数回も、スウェーデンを訪れるようになったのである。

人間と自然を大切にするスウェーデンの暮らし

スウェーデン社会で営まれている人間の暮らしを調査する旅の道案内は、いつも通訳者のスティアー純子氏に依頼していた。スティアー純子氏は私にとって単なる通訳者ではない。というよりも、森の民であるスウェーデン人の暮らしに、青い鳥を求めて、ともに徜徉してくれた尊敬する哲学者である。スウェーデンでゆっくりと流れる時を共有しながら、スティアー純子氏は私に、人間はいかに生きるべきかを教え諭してくれたのである。

スティアー純子氏は北国・北海道の出身だけれども、東京の聖路加国際病院で看護師をしている時に、入院してきたスウェーデン人の夫君と知り合い結ばれることになる。スウェーデン人の夫君は広告会社を経営していて、極めて豊かな生活を営んでいる。晩餐に自宅に招待されると、日本でいえば旅館にあるような大きな浴槽を備えた浴室がある。中世の貴族の館を思わせるような荘厳な部屋で、スティアー純子氏の美味なる料理に、蠟燭の幻想的な灯りのもとで、私は夫妻とともに舌鼓を打ったのである。

スウェーデン人は優しさを与え合いながら、ゆっくりと生きる。文明を拒否すれば文化が生まれるとの考えで、土日は自然に抱かれて生活をする。自分たちは田舎者なので、都会の生活には疲れてしまうからだという。スティアー純子氏の別荘は、ストックホルム郊外の島にある。

島に行くには橋はない。橋を架けることに、島民が反対するためである。それは橋を架けると、誰でも島に来てしまうからである。滑走路のかわりに道路を背負っている空母のようなフェリーで、島は本土と結ばれている。こうすれば本当に来たい人間だけが、島を訪れるようになるという説明を受けた。

スティアー純子氏の別荘は、二〇〇年も経つ木造住宅である。スウェーデンでは古い住宅ほど価値があがる。別荘での生活はテレビを見ることはなく、読書に親しみ、ガーデニングのような農作業をする。文明を拒否すると文化が生まれるからである。

私がスティアー純子氏の別荘を訪れた時に、水道管が破裂したことがある。彼女はただちに、近所の「御爺さん」に電話をした。すぐにその「御爺さん」が道具を携えて飛んできて、たちまちのうちに修復してしまったが、もちろん「御爺さん」は水道の専門業者などではなく、機械仕事が得意だというので助けにきただけである。スウェーデンでの暮らしは、隣人や友人との相互扶助で成り立っている。「御爺さん」も体調が悪くなると、看護師だったスティアー純子氏に助けを頼むことになる。

スティアー純子氏は博学である。博学であることを駆使して、彼女は私のあらゆる要請に応えてくれた。小学校を見学したいといえば、心が和むような瀟洒《しょうしゃ》な佇《たたず》まいの小学校へと案内してくれる。スウェーデン人は日本人に好意を寄せているので、予約なしで訪れても、小学校の教員は親切に受け入れてくれる。スウェーデンの教員はいずれも、哲学者である。人間はどのような存在で、教育にはどのような意義があるのかを説いてくれる。

日本でいえば保育園や幼稚園にあたる就学前教育を調査したいといえば、スティアー純子氏は公営の就学前教育、組合運営による就学前教育、株式会社によって運営される就学前教育と、スウェーデンの諸種の運営形態にもとづく就学前教育を案内してくれる。しかも、その運営理念と課題をも解説してくれたのである。

環境問題を調査したいといえば、生活に即しながら、廃棄物がどのように処理されていくかを、系統的に理解できるように案内をしてくれる。ストックホルムという大都会で、一人で生活をしている大学生になる彼女の長女の生活の場を案内し、そこでも生ゴミはコンポスト(家庭から排出される生ゴミなどの有機物を分解してつくった堆肥)として処理される実態をも、つぶさに見学させてもらった。「使い捨て税」が課税されている製品を自動回収して、「使い捨て税」を還付する仕組みについても懇切丁寧に現場を案内してくれた。

さらには様々な再生可能エネルギーに取り組む、先端的現場をも学ぶことができた。人間の絆とし

スウェーデンでスティアー純子氏(中央)と自治省の室田哲男氏(左)と(2000年2月)

てのコミュニティと、人間と自然との絆としてのエネルギー利用を結びつけたエコ・ビレッジを、ゆっくりと訪れることができたのも、スティアー純子氏のおかげである。

エネルギーには、エクセルギーつまり「質」がある。電気のような「質」の高いエネルギーを、熱エネルギーのような「質」の低いエネルギーとして、利用するのは非効率である。エコ・ビレッジを訪れると、家屋の屋根はパネルで覆われているけれども、それはソーラー・パネルではない。暖めたり冷やしたりするだけであれば、電気に変えずに、太陽熱を集め、それをヒート・ポンプで冷暖房に使用すればよい。エコ・ビレッジの灯りは、コミュニティで運営される小さなバイオマス発電でまかなわれる。電気分解や情報機器など、電気という「質」の高いエネルギーでしか可能でないことには、水力などの大規模発電を使用する。そのため原子力などに手を出す必要がなくなっていく。

体験は自己を変革する。このことを身をもって教えてくれたのは、スティアー純子氏である。

スウェーデン社会で生活をしなければ理解できないような、スウェーデンが長い年月を掛けて形成してきた生活様式を、スティアー純子氏から学ぶことができた。そうしたスウェーデン社会への理解を徐々に深めながら、スウェーデンの経済政策や社会政策への調査を、私は実施した。その手引きは森浩太郎氏が担ってくれたのである。

社会危機を克服し、財政再建を果たしたスウェーデン

敢えて繰り返すと、経済政策や社会政策に関していえば、私は自分の理論や構想が現実的であると

いう挙証として、スウェーデンの事例を使用することを意図してきた。地方分権に続いて、私が取り上げたスウェーデン調査のテーマは、「財政再建と景気回復」である。というのも、スウェーデンは一九九〇年代に、「財政再建と景気回復」の同時達成に成功したからである。ところが、「失われた一〇年」と揶揄される一九九〇年代の日本は、景気回復に失敗しただけではなく、財政は再建どころか、「ワニの口」と表現される大幅な赤字に陥っていたのである。

私は石油ショックを契機に生じている先進諸国の財政赤字を、「シュンペーター的財政赤字(Schumpeterian Deficit)」と規定してきた。それはトータル・システムとしての社会が、危機に陥っている結果として生じている財政赤字だからである。したがって、結果にすぎない財政収支の帳尻を合わせたところで、経済的危機や社会的危機の激化をもたらすばかりであると考えたのである。

つまり、経済政策によって経済的危機を解消し、社会政策によって社会的危機を解消して、初めて「シュンペーター的財政赤字」は解消できる。スウェーデンは一九九〇年代に、経済構造の転換を図り、社会保障を再編することによって財政再建を実現している。それは「シュンペーター的財政赤字」の克服方法を、見事に挙証していると認めることができたのである。

スウェーデンの経験を挙証の実例としながら、私は『二兎を得る経済学――景気回復と財政再建』(講談社+α新書、二〇〇一年)を刊行した。この拙著では、「シュンペーター的財政赤字」を解消するには、それ自体が新しい次の時代の形成に結びつくシナリオを、必要としていることを指摘しようとしたのである。

もちろん、新しい経済構造を創出するためには、「ケインズ的福祉国家」のもとで綻び始めている現金給付を中心とする社会保障を再創造する必要があると、私は考えていた。そのための構想が、政府体系を、三つの政府体系に再編するという構想である。三つの政府体系という構想で唱えている三つの政府とは、中央政府、地方自治体、それに社会保障基金の三つである。

ポイントは社会保障基金を「政府」として明確に位置づけることである。既に述べたように、そもそも社会保険とは、労働組合などが実施していた共済活動を強制化したものであるため、ドイツにしろ、フランスにしろ、社会保障基金は国民の選挙によって代表者を選出する「自治」が確立している。スウェーデンはといえば、失業保険は労働組合によって運営されている。それ以外の社会保険についていえば、選挙による「自治」とはなっていないものの、独立した政府機関によって運営されている。

しかも、社会保険は正当な理由で、賃金を喪失した時に給付される賃金代替の現金給付だとすれば、年金も高齢退職という正当な理由で、賃金を喪失した時の現金給付ということになる。そうだとすれば、年金の給付額も、現役時代の賃金に比例した給付額でよいはずである。

もっとも、社会保障基金、地方自治体、中央政府という三つの政府のうち、中央政府にはミニマム保障の責任がある。社会保障基金という政府が支給する所得比例年金では、生存が保障されない高齢者も出てきてしまう。そこでミニマム保障を責務とする中央政府が、ミニマム年金を保障することになる。

私はこうした年金構想についても、スウェーデンの実例で挙証しながら、実現可能であることを主張しようとした。スウェーデンの年金は、社会保険料を財源とする所得比例年金と、租税を財源とするミニマム年金との組み合わせになっているからである。私はスウェーデンの年金を参照基準にしながら、年金改革を提唱したのである。

しかし、市場社会での人間の生活は、賃金を保障しただけでは意味がない。家族内での無償労働にも支えられる必要がある。とはいえ、家族が縮小しているのであれば、家族内の無償労働の代替として、現物給付を地方自治体が保障しなければならない。

高齢者の生活も、中央政府のミニマム年金、社会保障基金の所得比例年金という現金給付だけでなく、地方自治体の供給する現物給付、つまりサービス給付で保障しなければならない。地方自治体の供給する現物給付には、配達サービスと立地点サービスがある。

配達サービスはホーム・ヘルプ・サービスである。高度な訓練を受けたホーム・ヘルパーが、定期的に在宅で生活する高齢者を巡回するだけでなく、情報技術を駆使したアラーム・システムを整備する必要がある。立地点サービスとしては、高齢者のニーズに対応して、居住と介護ケアを統合したサービス・ハウス、老人ホーム、ナーシング・ホーム、グループ・ホームが整備されなければならないことになる。

私はスウェーデンの地方自治体の提供する充実した現物給付を参照基準に、現金給付に依存した社会保障を、現物給付にシフトさせなければならないと唱えた。それこそが脱工業社会へと経済構造を転換するシナリオであるとも主張した。それ故に、地方自治体の自主財源を強化し、地方分権を推進しなければならないと主張したのである。

「ラーゴム」と「オムソーリ」の教え

私が自分のヴィジョンを、スウェーデンの経験に学んで補強する営為に勤しんでいた時に、それを強力に支援してくれる指導者が、私の前に現れた。ストックホルム大学の研究員だった訓覇《くるべ》法子《のりこ》氏である。訓覇法子氏は突然、私の眼前に登場した。それは一九九八(平成一〇)年のことである。ストックホルムで会いたいとの連絡があり、ストックホルムの日本料理のレストランで会食をすることにしたのである。

訓覇氏はストックホルム大学で社会福祉学を学び、ストックホルム大学社会福祉学部大学院の研究員となっていた。既に社会福祉学の権威であるにもかかわらず、大学院の研究員にとどまっていたのは、日本福祉大学の教授との兼務を可能にするためであった。つまり、訓覇氏は一年のうち日本半分、スウェーデン半分の研究生活を送っていたのである。

訓覇氏は日本で手にした私の『システム改革の政治経済学』に興味を抱き、私と直接議論をしたいと連絡をしてきた。訓覇氏に会うや、時の経つのも忘れ、議論に熱中した。それ以来、私は訓覇氏との共同研究に従事することになる。

訓覇氏からはスウェーデン人の価値観や社会観の教えを受けることになる。何より人間は「自立すればするほど連帯する」というスウェーデン人の人間観を学ばせてくれたのは訓覇氏である。

「ラーゴム(lagom)」というスウェーデン人の重視する価値観を教えてくれたのも、訓覇氏である。「ラーゴム」とは「ほどほど」というような意味である。極端に貧しくなることも嫌うけれども、極端に豊かになることも嫌うスウェーデン人の重要な価値観である。「ラーゴム」は「中庸の徳」と表現したほうがよいかもしれない。訓覇氏に教えられた「ほどほど」という価値観は、私が生きる上での重要な指針となった。私は健康上の理由もあり、「ほどほど」という処世術に徹することにした。あるいは「ほどほど」という処世術に徹せざるをえなかったといったほうがよいかもしれない。研究生活も私は「ほどほど」とならざるをえなかったからである。

と同時に政府から依頼される仕事も、メディアに応ずることも、意識的に「ほどほど」に徹することにした。もっとも、そのために私の人生は、何をやっても中途半端に終わってしまったのである。「オムソーリ(omsorg)」という素敵なスウェーデン語を教えてくれたのも、訓覇氏である。「オムソーリ」とは社会サービスと訳すことができる。もっとも、教育や医療をも含むので、日本の福祉よりも広い概念である。しかし、そもそもの「オムソーリ」の意味は、「悲しみの分かち合い」である。温かい手と手をつなぎ、「悲しみを分かち合い」「優しさを与え合い」ながら生活するスウェーデンに学ぶ私にとって、最も重要な言葉となったのである。

スウェーデンとの出会いは、私に学問の幅と深さを与えてくれた。しかも、私の学問に自信を与えてくれる不思議な出会いとなった。しかし、最も重要なことは、「連帯」の意味を、「連帯(solidarité)」という言葉の母国ともいうべきフランスではなく、スウェーデンから学んだことだったのかもしれない。

人間のための経済学

私は経済学の森を、財政学という小道から、青い鳥を求めて、さ迷い歩いてきた。しかし、財政学を専攻することを志した時から、既にそう決意していたといってよいかもしれないけれども、経済学の森をさ迷い歩くといっても、それは狭義の経済学の森ではなく、広義の経済学の森を歩くことにしたのである。

市場社会は市場経済と財政とを車の両輪としている。狭義の経済学は市場経済を対象とするのに対して、私が専攻した学問は、非市場経済としての財政を研究対象とする財政学である。というよりも、私は市場経済を対象とする経済学のメイン・ストリームに対して、財政学の立場から、経済学批判を試みてきたといってよい。

経済学が研究対象としている「経済」を、人間が自然に働きかけ、人間の生存に必要な有用物を入手する営みだと解釈すれば、経済は人間の歴史とともに古くから存在する。しかし、経済学は近代社会の成立とともに登場し、アダム・スミスの『国富論』をもって誕生したと表現してもいいすぎではない。もちろん、それは経済学が研究対象とする市場社会が、近代とともに形成されたからである。

近代市場社会とは単に生産物市場が存在する社会ではない。要素市場が成立している社会である。つまり、人間が自然に働きかける生産を、要素市場での取引という市場関係を通じて実施する社会が、市場社会なのである。

要素市場が成立するということは、生産の「場」と生活の「場」が分離することを意味する。それは生産機能と生活機能とを備えていた家族が、生産の主体である「企業」と、生活の主体である「家計」に分かれることでもある。したがって、要素市場が成立するということは、産業革命によって、農業社会が工業社会へと転換したことを意味するのである。

しかし、忘れてはならないことは、要素市場の成立が人間の解放を意味していたことである。近代以前の農業社会での生産は、共同体的慣習による家族経営だったといっても、それは領主の指令にもとづいていた。ところが、要素市場が成立するということは、領主が領有していた生産要素が、私的に所有されるとともに、社会の構成員が領主の支配から解放されることを意味していたのである。

そうした人間の解放は、被支配者が支配者になるという民主主義が成立することを意味する。つまり、工業を基盤とする市場社会では、生産・分配は市場での取引として実施されるけれども、市場が機能する前提として、生産要素への所有権を設定し、それを保護する統治は、民主主義にもとづくことになる。この民主主義にもとづく統治行為としての経済が、私の研究対象である財政である。

私は財政を視座に捉え、経済学が研究対象とする生産・分配という市場経済を捉えてきた。しかも、生産・分配の「場」だけではなく、市場社会では分離している生活の「場」を考察の対象に取り込み、トータル・システムとしての「社会全体」を把握しようとしてきたのである。

財政学を継承しながら、トータル・システムとしての「社会全体」を把握しようとする私が提唱する経済学を、私は財政社会学と命名している。市場経済を研究対象とする狭義の経済学では、人間を一瞬のうちに合理的に計算して行動する「経済人（ホモ・エコノミクス）」として理解している。これに対して財政社会学では、生活の「場」においては愛も追求するし、政治の「場」においては正義も追求する社会的存在として、人間を理解している。敢えていえば、財政社会学では学名どおりに、「ホモ・サピエンス」つまり「知恵のある人」として、人間を想定しているのである。

こうした財政社会学の視座からすると、経済活動も「ホモ・サピエンス」つまり「知恵のある人」の営みとして捉えることになる。人間は人間以外の生物と相違して、自然の存在をそのまま生存のために消費するのではなく、自然を人間にとっての有用物に変換していく。

自然を有用物に変換するためには、自然の因果関係を理解した上で、有用物を構想する必要がある。そうしたことを実現できるのは、人間が創造力と構想力を備えた「知恵のある人」だからである。創造力や構想力を高め、自然を変換する能力を向上させようとすれば、個人的能力だけではなく、人間同士の協力や絆が必要となる。というよりも、「知恵のある人」そのものを存在させるためには、家族やコミュニティという人間の絆が不可欠となる。

こうした創造力や構想力から、人間は自然を変換する手段を創り出す。しかも、手段の延長線上に、様々な社会の制度をも創り出していく。

このように眺めてくれれば、人間が自然に働きかける経済を、トータル・システムとしての人間の社会全体が相互に関連して支えていることがわかる。しかも、経済にしても、人間の社会全体にしても、創造主は人間である。

確かに、自然にしろ人間にしろ、創造主は神かもしれない。しかも、人間は「外なる自然」と「内なる自然」に支配されていることも事実である。しかし、未来の経済にしろ、人間の社会全体にしろ、人間の創造力と構想力で創り出していけるはずである。

ところが、現在では人間は、夢と希望に胸を熱くし、未来への使命感に奮い立つのではなく、未来に対する不安と恐怖に脅えている。それは人間とは利己心に支配された「経済人」であり、競争原理に支配された市場の神に、人間の運命を委ねなければならないと信じ込まされているからである。

そうなると、人間と人間との関係は、市場関係へと一元化されていってしまう。市場関係という人間関係は、他者を手段とする関係である。そのため人間の社会は、人間を労働力の担い手という手段としてしか、位置づけなくなる。人間の社会は、人間を目的としなければならないのに、人間を手段とする社会となってしまうのである。

人間の社会は、人間を手段とするのではなく、人間を目的とするために形成されている。つまり、人間は他者を利用するために、社会を形成するのではなく、集まることそれ自体を目的として社会を形成したはずである。財政学を専攻しながら、経済学の森を徊徉すると、人間を手段と位置づける経済学を、人間を目的とする経済学に鋳直さなければならないという使命感を、私は抱くにいたったのである。

敢えて繰り返すと、人間のための経済を求めて、経済学の森をさ迷いながら、行きついた方法論が財政社会学である。私は財政社会学という方法論に依拠して、国家、市場、共同体を和解させながら、より人間的な未来を構想しようと意図してきたのである。

終章

悲しみを分かち合うために
――経済学の使命

著者を囲んで東京大学経済学部神野ゼミの卒業生たちの集い(2016 年 2 月)

経済学批判としての研究

不思議なことに、人間は自分の顔を自分で見ることができない。鏡を眺めてみても、それは平面図にしかすぎない。鏡に映る自分の姿から、他者の視線から眺めると、どのように見えるのかを想像して、自分の顔を確認しようとするにすぎないのである。

自分の学問、さらには自分の生き方について、他者の視線から見ると、どのように映っているのかを、私には想像ができない。二〇〇九(平成二一)年、私に財政学の研究への功績として紫綬褒章が授与された。授与された理由として、経済学に社会学を取り入れた功績と伝えられて、私は感動を覚えた。

既に述べたように、私は一九世紀後半のドイツで誕生した財政学の学問的遺産を継承しながら、財政学を発展させていく学問的努力を積み重ねてきたつもりである。財政学の母国がドイツであるのに対して、社会学のそれはフランスである。とはいえ、財政学も社会学も近代社会科学として形成され、経済学、つまり「政治経済学」への異議申し立てから生成している。しかも、財政学と社会学の形成過程は、相互に緊張関係を孕んでいる。こうした財政学と社会学の出自を考えても、私は経済学を研究したというよりも、経済学批判を研究したといえるかもしれない。それは私が学問を学ぶことで、人間の存在と生の意義を求めようとしていたからだといってよい。というよりも、私はどのように生きるべきかを悩み、学問にすがってきたのである。

私が経済学を学ぼうと志を立てた時には、その分析対象はあくまでも人間だと思っていた。ところが、経済学が「政治経済学(political economy)」から、「経済学(economics)」へと衣替えをする頃から、人間への省察という営為が、経済学から消えてしまったと、私は考えるようになっていた。つまり、近代合理主義に基礎を置くとはいえ、効用(utility)という個人的満足を追求する合理的行動を取る主体として、人間を純化しすぎてしまっていると思えたからである。

もちろん、そこにはアダム・スミスが『道徳感情論』で展開していた、「共感」の原理やそれに基礎づけられた正義に関連する議論はない。それは経済学が市場機能を解明すること、あるいは市場を媒介とする人間関係を解明することに分析の焦点を絞った結果だといってよい。

それどころではない。経済学は市場的人間関係で営まれてはいない「経済以外」の領域にも、利害計算によって合理的に行動する人間観を拡大し始める。自己の利益最大化を求めて行動するというホモ・エコノミクスが、方法論的仮説どころか、利己心に徹して行動することが、あるべき生き方として説かれるようにさえなってしまっている。

いかに生きるべきかを悩み、学問を学ぶことによって、「生きる」という状況を理解しようとしていた私にとって、決定論的に状況を理解する経済学は、求めていた学問ではなかった。私の学ぶ学問の対象は、全体性のある人間でなければならない。それは経済学に、人間性を回復する試みだったといってよい。そうした試みを追い求め、私は経済学を学び、財政学を学び、辿り着いた学問の方法論が、財政社会学というアプローチなのである。

もちろん、私は財政社会学という方法論に自信をもっているわけではない。というよりも、私は自分の生き方に、自信をもっているわけではないと、表現したほうがよいかもしれない。それにもかかわらず、私には私の学問を継承してくれる教え子たちがいる。私の教え子たちは、私の希望であり、誇りでもある。

学び合う共同体

東京大学大学院で私が引き受けた初めての教え子は、後に慶応義塾大学経済学部教授を務めることになる井手英策君である。井手君が私の研究室に、耳にピアスを付けて初めて現れた時のことを、今でも鮮明に覚えている。大学時代はバンド活動に熱中していたけれども、これからは学問をしたいと井手君は、緊張した表情で、私に自分の決意を告げた。私は井手君の熱意に惚れ込んで、私の最初の教え子として引き受けることにしたのである。

大学院で教え子を引き受けるということは、共同研究をしていくパートナーとなることを意味している。それと同時に私は、教え子を採るということは、その教え子の人生に責任を引き受けることだと理解していた。そうしたことから、私は不安を覚えながらも、井手君の人生を引き受けることにしたのである。

井手君は私の影響を受けて、東京大学の伝統的な財政学を継承しなければならないと決意していた。私の提唱した財政社会学に対しても、発展させていく使命感に燃えていた。私はそうしたことに、責任の重さを感じるばかりであった。

井手君を初めとして、私は東京大学大学院で多くの教え子に恵まれている。こうした教え子たちとの共同作業として、私と井手君との共同編集で『希望の構想――分権・社会保障・財政改革のトータルプラン』(岩波書店、二〇〇六年)を世に問うている。元気旺盛な井手君は、「この書をもって神野学派の旗揚げとしましょう」と私に提案した。自信のない私は、「いや、これが最後の共同作業だ」としか応えられなかったのである。

この『希望の構想』に寄稿してくれた立教大学の関口智教授、埼玉大学の高端正幸准教授、桃山学院大学の木村佳弘准教授、横浜国立大学の伊集守直教授、大阪市立大学の水上啓吾准教授(いずれも現在の肩書、以下同)は、いずれも東京大学大学院での私の教え子である。もっとも、『希望の構想』の執筆者のうち、大阪市立大学の松本淳教授と埼玉大学の宮崎雅人准教授は、そうではない。いずれも慶応義塾大学大学院の院生の時から、私に指導を受けたいと私の研究会に通ってきていた研究者である。

この執筆には参加していないものの、桃山学院大学の吉弘憲介准教授、高崎経済大学の天羽《あもう》正継准教授、みずほ銀行のソボレフ・ロマン(Sobolev Roman)氏、帝京大学の小西杏奈助教、同じく帝京大学の福田直人講師も、東京大学大学院の教え子である。また私が東京大学に赴任した時に、既に院生として在籍していて、私が指導することになった、甲南大学の永廣顕《えひろあきら》教授や、茨城大学の兪和《ユファ》教授も私の教え子ということになる。さらにいえば、東京大学大学院でも経済学研究科ではなかったけれども、私が指導した立教大学のアンドリュー・デウィット教授(Andrew DeWit)教授も、帝京大学の高井正教授も、私が大阪市立大学大学院で指導し、立命館大学の教授を務めた曹瑞林《ソウズイリン》氏も、私の教え子である。

私の教え子というわけではないけれども、私の財政社会学という方法論に共鳴し、私のもとに共同研究のために馳せ参じてくれた研究者に、池上岳彦立教大学教授がいる。財政社会学の財政現象そのものに適用した成果は、私と池上教授との共同研究の産物である。沼尾波子東洋大学教授も同様である。

私の財政社会学に共感して、私のもとに馳せ参じてくれた研究者といえば、関西学院大学の小西砂《さ》千夫《ちお》教授を忘れることができない。関西学院大学の人間福祉学部の創設にあたって、財政社会学の講座を設けたいので、私が東京大学を退任するとともに、関西学院大学に着任するようにと声をかけてくれたのも、小西教授である。

学問の志を同じくする仲間は、鼠算《ねずみざん》方式で広がっていく。私の教え子たちが、また教え子を育てていくからである。私は幸せ者である。私からいえば、孫のような関係にあたる教え子の教え子たちが、私の指導を求めて集まってくれるからである。

こうした若い研究者の集まれる場所として、一〇年ほど前に自宅近くに、私の研究する場所をも兼ねた「小さな家」を建てた。この「小さな家」を、私は「学び合う共同体」の場としている。つまり、教える者と教えられる者との共同作業の場である。

もっとも、私が教える者で、集まってくる若者たちが教えられる者というわけではない。誰もが誰もに対して教える者であり、誰もが誰もに対して教えられる者となる。それだからこそ「学び合う共同体」なのである。

「小さな家」での「学び合う共同体」は、読書会形式で運営されている。古典を中心に参加者で読書する書物を決める。読書会形式は、ただ書物を読んできて、講義を受け身で聴くわけではない。読書を通じて他者と対話をして他者と近づき合いながら、疑問をぶつけ合って、真理を求める共同作業をすることになる。しかも、重要なことは、共同作業から自己の思想を、自分自身の「生」と結びつけることである。

この「小さな家」の「学び合う共同体」から、財政学の再創造に挑む多くの若き研究者が巣立っていった。それは、現在でも続き、多くの大学院生や若き研究者が集まって来る。私の東京大学大学院での教え子を除き、私にとっての教え子の教え子だけでも、その数は多い。古市将人帝京大学准教授を初め、齊藤由里恵椙山《すぎやま》女学園大学准教授、佐藤滋東北学院大学准教授、嶋田崇治下関市立大学准教授、長嶋佐央里沖縄国際大学講師、村松怜山形大学講師、茂住政一郎《もずみせいいちろう》横浜国立大学准教授、倉地真太郎東京都市研究所研究員、山口隆太郎立教大学助教などがいるからである。

しかも、敢えて繰り返すと、現在でも慶応義塾大学大学院の院生たちをはじめ、多くの若き研究者が新たに集まってきてくれる。しかし、私の思考能力は、既に衰えている。私は未来を、集いにくる若き研究者たちに託すしかないと諦めながら、希望に胸を膨らませている。

ここまでは、大学院生や若き研究者との「学び合う共同体」について語ってきた。しかし、いうまでもなく私の教え子は大学院の院生だけではない。というよりも、私の教え子といえば、大学院ではなく、大学の学部学生をまず挙げるべきかもしれない。「学び合う共同体」の形成ということからいえば、大学院だけではなく、大学での学部のゼミナールも同様である。私は教える者と教えられる者との「学び合う共同体」として、学部のゼミナールを重視していた。もちろん、ゼミナールに参加を認めれば、その学生の人生に責任をもたなければならないと覚悟していたことは、大学院生と同様である。

大阪市立大学でも関西学院大学でもゼミナール制を採用していたので、ゼミ生という教え子がいる。ところが、いずれの大学も関西に立地しているために、卒業生との交流は、どうしても疎遠になる。とはいえ、大阪市立大学のゼミ生も関西学院大学のゼミ生も、定期的に交流する機会には恵まれないものの、個人的には私のもとに訪れてくれて、「朋あり遠方より来る」という喜びを味わわせてくれる。もちろん、人生の迷い路に足を踏み入れ、相談に来ることもある。しかし、むしろそうした時のほうが、教え子の人生に責任をもつという教師冥利の幸せを実感する。

二〇〇九(平成二一)年に私が東京大学を定年退職するまでは、ゼミナールの在校生が卒業生を含む集いを毎年開催していた。そのため卒業生とは毎年、定期的に交流することができた。私が東京大学を定年退職してからも毎年、卒業生たちが自主的に時を共にする楽しき場を設定してくれていた。

私は研究者であると同時に、教育者でもある。「教育」とは、人間が生きていく上で、遭遇する様々な問題を、解決する能力を身に付けることだと考えられる。もっとも、辞書を繙くと、教育とは教え育てることであり、「人間に他から意図をもって働きかけ、望ましい姿に変化させ、価値を実現する活動」と説明されている。そうなると、教育とは他者に働きかけ、他者を変形させる活動ということになる。

しかし、そもそも教育つまりエデュケーション(education)は、ラテン語で「引き出す」を意味するエデュカチオ(educatio)に語源がある。そうだとすれば、教育とは外側から圧力を加えて変形させるのではなく、内在しているものを引き出し、発展させていく活動のはずである。

折原浩東京大学名誉教授は教育を、「盆栽型」教育と「栽培型」教育とに分類している。「盆栽型」教育とは、針金で外側から圧力を加えて盆栽を作るように、型に嵌《は》めようと訓練する教育である。「栽培型」教育とは、植物を栽培するように、伸びたいように伸ばしていく教育である。つまり、「栽培型」教育では、人間が成長したいように成長するために、肥料を施したり、害虫を駆除したりすることが教育の役割となる。

「栽培型」教育の視点から、折原教授の教えに従って、教育を規定すると、「人間におのずからそなわり、ただ便宜な配慮がなければ開花や結実にいたらない潜在的可能性に、深く思いをひそめ、それを大切にはぐくみそだててゆくこと」となる。つまり、教育とは人間の「いのちの自己成長を援助すること」だと考えられる。

ところが、私には人間の自然成長を援助するといった自信などない。とはいえ、「教える者」の責任は果たさなければならない。そうだとすれば、生命の自己成長を信じて、「学び合う共同体」を形成するしかないと私は考えたのである。

「学び合う共同体」では「教える者」と、「教えられる者」とが学び合うとともに、「教えられる者」同士でも学び合いながら、人間の人間的能力を高めていくことになる。そのため、私の学部のゼミナールは、一五時から始まって一緒に食事をしたり、お茶を飲んだりしながら、深夜まで学び合い続けた。しかし、「学び合う共同体」としてのゼミナールを運営していくうちに、学び合いによって身に付ける人間的能力は、「愛する能力」だと思い至ることになったのである。

もちろん、ゼミナールで学び合う「愛する能力」とは、差し当たりは学問を「愛する能力」である。しかし、学問を「愛する能力」を求めて学び合うと、参加者の誰もが学問を学び合うことは、学問を通して人間を「愛する能力」を身に付けることだと気が付くことになる。つまり、学問を学び合うということは、悲しみを分かち合い、優しさを与え合って生きている人間が、愛し合っていく能力を身に付けていくことにほかならないのである。

悲しみを分かち合う愛

既に述べたように私が東京大学を定年退職してからも、私のゼミナールの卒業生は毎年一度、同窓会として集まっていた。ところが、二〇一六(平成二八)年の一年に一度の集いの時に、誰ともなしに学生時代のゼミナールを復活させようという声があがった。悩み多き学生時代に夜遅くまで、コーヒーを飲みながら喫茶店でした議論が、卒業した後も人生をどう生きるかの指針になっているので、あの学生時代の熱き議論をする場を設けようということになったのである。それはまさに「学び合う共同体」の復活を意味し、私にとっては教師冥利に尽きる幸福を味わった瞬間であった。

大学院生や既に研究者となっている者たちは、学び合うために前述のように、私の「小さな家」に集まる。しかし、学部卒業生の人数はあまりに多い。一年に一度の集いでも一〇〇人ほどとなるので、私の「小さな家」ではとても収容することはできない。そのためホテルや東京大学の集会場などで、一年に一度の同窓会を開催していたのである。

二〇一六年の学部卒業生たちの同窓会で、ゼミナールの復活を求める声が受け入れられ、それから三カ月に一度程度、都合のつくゼミナールの卒業生たちが集う「学び合う共同体」が開催されることになった。この「学び合う共同体」は、総務省の野村知宏君を始め、フューチャーアーキテクト株式会社の奈良香里さん、日本経済新聞の江﨑紘子さんなどが幹事役を務めてくれている。

幹事役の野村君が、二〇一六年の一二月に私のもとに訪ねてきた。次の年の二月に開催する「学び合う共同体」の集いの企画を打ち合わせるためである。私は何気なく、二年前に結婚した野村君に、ご家族のことを尋ねた。野村君は寂しげな表情を浮かべると、奥様の体調があまりよくないことを、私に告げたのである。

新しき年が明けるとともに、冬枯れの木々が擦れ合うような不吉な音を立てて電話が鳴った。出ると野村君からの電話である。野村君は私に「妻が亡くなりました」と告げ、後は言葉にならない時が流れたのである。

野村君と私が最後に会ってから、わずか一週間もたたない一二月三一日に、暮れ行く年とともに、野村君の愛する人は旅立った。三〇歳をわずかに上回った若さでである。私はすぐに野村君を弔問した。

野村君は私の顔を見ると、穏やかな表情を繕いながら、病状が安定していたので、これほど早く妻が逝くとは思ってもみなかったと、正直な心境を私に吐露した。しかも、五年も前から、この日の来る覚悟はできていたので、私に安堵してほしいと告げたのである。

私に告げた後に、必死に堪えていた涙が、頬を伝うのを拭おうともせずに、愛する人の追憶を、まるで自分に言い聞かせるように語り始めた。野村君の愛する人は、五年前に不治の病に侵されていることを宣告されていたのである。

しかし、野村君は愛する人と、悲しみを分かち合わなければならないと決意した。愛する人が不治の病に侵されているからこそ、残された「生」を共にしなければならない。野村君は二年前に、そう決意して愛する人と結婚したのである。

私は教え子に、愛の壮絶さを教えられた。人間は愛する人と、悲しみを分かち合って生きていく。愛する者同士が悲しみを分かち合うと、悲しみは幸福にと変化する。しかも、その幸福を愛する者同士が分かち合うと、数倍にも膨れ上がる。

悲しみが吹き消していく心の中の炎の数よりも、愛が灯していく心の中の炎の数のほうが圧倒的に多い。この言葉の真理を、私は教え子たちとの「学び合う共同体」で、教え子たちからいつも教えられている。

山口県の村岡嗣政知事は、私のゼミ生である。宇部高校出身の村岡知事が東京大学に入学すると、高校時代から愛情を育んできた女性は、村岡君の少しでも近くにいようと、東京大学のすぐ近くにある大学の附属学校で看護を学びに上京する。村岡知事は東京大学を卒業すると、すぐに高校時代から愛を温めてきた、その女性と結婚したいと、私に仲人を依頼しに訪ねてきたのである。私は感動した。苦しい時に芽生えた愛は、決して壊れることがない。二人にとっては長くもあり、短くもある年月をかけて育てた愛に、私は眼の眩む思いがした。私は喜んで仲人を引き受けたのである。

私が村岡君の赴任地を訪れると、二人は二人の愛の結晶の成長の姿を見せるために、食事に招待してくれたものである。もっとも、私のゼミ生で県知事を務めているのは、村岡君だけではない。三重県の鈴木英敬知事も、私のゼミ生である。

経済学を学び合うと、「教える者」であるはずの私が、「教えられる者」になってしまう。しかも、教え子から教えを受けることは、悲しみを分かち合い、優しさを与え合いながら生きていく、人間の愛の力である。

幸運にも私は、私の学びを通じて、「学び合う共同体」を形成することができた。もっとも、「学び合う共同体」と表現することは必ずしも適切ではないかもしれない。それは盆踊りなどの踊りの輪に参加し、いつの間にか踊りの輪から抜けていくというような輪舞の形式のようなものだからである。

もちろん、盆踊りがそうであるように、輪舞とは、「生」と「死」の循環の形成である。踊りの輪を形成して、人々が贖罪されていくように、学問の輪舞も、生と死の循環の形成である。

それは学問を学ぶということが、人間の生と死の循環、つまりはどう生きるか、どう死ぬかということを追求することを意味している。というよりも、社会科学にしろ、自然科学にしろ、学問とは、人間とはどのような存在なのかを問うことだと表現したほうがよい。それが経験を共有して学び合うことによって、私に生じてきた確信なのである。

いま、経済学は人間に向き合っているか

「学び合う共同体」で経験を共有すると、人間の社会に悲惨と苦難が溢れ出ている現実を追体験することができる。そうした人間の社会における悲惨と苦難を「経済危機」として表現してしまうと、正鵠を射てはいないという実感が、学び合えば学び合うほど膨らんでいく。

もちろん、現実に経済危機が生じているのであれば、その解決へのシナリオを描くことは、経済学の使命である。ところが、現在の経済学は、現実の経済危機の解決には、まったく無力であり、その使命を果していない。しかも、現在の経済学は使命を果していないにもかかわらず、それを恥じ入るどころか、この世をば我が世とぞ思う栄華をほしいままにしている。

というのも、現在の経済学のメイン・ストリームは、現実世界で生じている悲惨は、現実世界が経済理論に従わないからだと唱えているからである。つまり、経済学のメイン・ストリームによれば、現実世界に生じている悲惨な経済危機は、民主主義にもとづく政治が傲慢にも市場経済に差し出口を挿んでいるから生じるのだということになってしまうのである。

人間は自己利益最大化を追求するホモ・エコノミクスであるが故に、自発的な取引による価格のメ

カニズムに身を委ねれば、社会は均衡し、経済危機は克服されると唱えられる。ところが、実際にはこうした考えに従って規制緩和や民営化という合言葉のもとに、市場の領域を拡大すればするほど、経済危機は深刻化してしまう。

しかも、経済危機が深刻化すれば、「失政糊塗」の論理が厚顔にも展開されていく。市場のメカニズムの導入が不充分だから、経済危機が深刻化しているので、「もっと市場を」と叫ばれ、市場のメカニズムが野放図に拡大されていってしまうのである。

「強者は強者として生き、弱者は弱者として生きる」ことを強制することになる市場のメカニズムが、人間の社会のあらゆる領域に浸透していくと、社会秩序に亀裂が走る。市場のメカニズムでは財・サービスが、購買力に応じて分配される。つまり、豊かな者には多く、貧しき者には少なく分配されることになる。そのため貧しき者は、自己の生存すら困難に陥り、社会秩序が混乱していく。

異常な犯罪の増加、麻薬使用の蔓延、自ら自己存在を否定する自殺などというように、社会的病理現象が表出していく。さらには、テロと呼ばれる暴力的逸脱現象が、地域紛争にまで発展していく。

そうなると、社会統合を使命とする政府は、財政を膨張させていかざるをえない。ところが、市場社会の政府は、生産要素を領有しない租税国家であるため、市場経済が生み出す所得から、租税を調達して社会統合を図らざるをえない。

しかし、市場経済からの租税の調達は、神聖なる市場経済への介入と見なされ、社会統合のために必要であるにもかかわらず、激しい抵抗に遭遇する。そうなると、市場のメカニズムが国家までをも汚染していく。つまり、国家も強制力に依存せずに、企業と同様に市場経済の論理に従って運営されるべきだと唱えられるようになる。

「国家を企業のように運営せよ(run the state like business)」という重商主義の合言葉が、時を越えて古《いにしえ》の昔から復活する。市場社会が形成される以前の重商主義国家は、生産要素を領有していたけれども、市場社会の国家は生産要素を領有していない租税国家である。生産要素を領有していない租税国家が企業のように運営されると、無償で調達する租税ではなく、料金などの有償の資金に依存せざるをえなくなり、社会を統合していくための公共サービスが、有償化されていくことになる。

そうなると、公共サービスも必要に応じて分配されるのではなく、購買力に応じて分配されてしまう。もちろん、それは社会統合の破綻に帰結する。とはいえ、激しい租税抵抗のもとで、公共サービスの無償化を維持しようとすれば、租税の調達が思うにまかせないため、財政赤字が深刻化していく。そうなると、財政赤字に掣肘《せいちゅう》されて、社会統合がますます困難化していくことになる。

経済学を学びながら私は、人間の生命活動そのものといってよい経済を考察対象とするはずの経済学が、その使命を放棄してしまっているのではないかとの疑念に悩まされてきた。そうした疑念は、私を経済学そのものを問い直す学問的営為へと駆り立てていったのである。

「それで人間は幸福になるのか」

今は亡きジャーナリストの筑紫哲也氏は、常に「それで人間は幸福になるのか」と問うていた。経済学が機能不全を起こしているのは、「それで人間は幸福になるのか」という問いを、自らに突き付けていないからだと、私は考えるようになっていた。というよりも、経済学は社会科学である以上、追求も続けなければならない「人間とは何か」という根源的な問いを、忘却の彼方へと追いやってしまったといってよい。

経済学は、非人間化しているが故に危機に陥っている。こうした私の認識は、「学び合う共同体」の体験を通じて揺るぎない確信へと変わっていく。

「学び合う共同体」で私と「生」を「共」にした人々の誰もが、誠実に生きようとしていた。学生であろうと、院生であろうと、官僚であろうと、政治家であろうと、それは変わるところがない。人間は言葉を交わし、学び合うことを通じて、「生」を「共」にしようとしていると強く実感したのである。

人間の悲しみという感情は、本人しかわからない個人に特有な感情ではない。悲しみを人間は「分かち合う」ことができる。それこそアダム・スミスが『道徳感情論』で指摘した「共感(sympathy)」である。

しかし、現在の経済学は「分かち合い」を忘却の彼方へと押しやり、人間は自己利益最大化を求める孤立したホモ・エコノミクスだと想定している。もちろん、ホモ・エコノミクスであるが故に、市場のメカニズムに人間の社会を調整する能力があると考えられている。市場のメカニズムに身を委ねさえすれば、人間同士が言葉を交わすこともなく、社会が調整され、統合されていく。もちろん、愛し合う必要もないのである。

「生」を「共」にする人間の社会で、言葉を交わすことも愛し合うことも必要としない社会などありえない。人間の心とか精神とかと表現される事象の実態は言語である。言葉を交わすということは、人間の心の触れ合いなのである。

市場での人間の関係は、あまりにも非人間的である。それだからこそ、人間は市場で、「いらっしゃいませ」などの言葉を交わし、少しでも人間の触れ合いの温もりを残そうとしているのである。「学び合う共同体」の参加者は、誰もが悲しみを分かち合おうとしている。それは誰もが共有する運命を分かち合おうとしていると言い換えてもよい。

人間が生活困難者を救済しようとするのは、何故かといえば、それは人間が利己的ではないからだ。もちろん、「情は人のためならず」式に、利他的行為の相互遂行だから、情をかけることが結局は、自己の利益になると考えたからだと理解してもよい。

そうだとしても利他的行為が相互遂行される背後には、共有する運命を分かち合うという確信が存在している。生きるということは、学び合うということであり、運命を共にすることだという確信こそ、私が私の「生」を通じて学んだことなのである。

あとがき

私の人生には誇れることは、何もなく、生きた意義についてすら思い煩うばかりである。それにもかかわらず、自分の人生を自分の思想の遍歴とともに語る本書を、世に問うことになったのは、「瓢簞から駒が出た」ような経緯《いきさつ》があったからである。

時移《ときうつ》り一年ほどの歳月が流れてしまったけれども、本書をまとめることになった、そもそものきっかけは、私がＴＢＳラジオの『嶌信彦　人生百景「志の人たち」』という日曜日の夜に放送される番組に、出演したことにある。この番組は二〇一七(平成二九)年三月一九日と三月二六日の二回にわたって放送されたけれども、収録は冬の寒さの残る二月二一日に行われた。この番組で私は、中途半端で自信のない自分の人生を、語ることになってしまったのである。

実は、この番組の出演の趣旨が、自分の人生を語ることにあるとは、私は自覚をしていなかった。というのも、この番組の出演依頼の連絡は直接、私にではなく、岩波書店にあったからである。そのため私は、岩波書店の田中宏幸氏を通じて、その連絡を受け取ったのである。

岩波書店の田中氏は、私の思想の良き理解者である。岩波新書の『「分かち合い」の経済学』(二〇一〇年)をはじめとする私の著作の編集や、雑誌『世界』への論稿掲載を担当して下さっている。田中氏から連絡を受け、田中氏も収録にも同行されるということなので、私はてっきり、自分の著作物の内容について語るものと思い込み、ＴＢＳラジオのスタジオへと向かったのである。

司会の蔦信彦氏とアシスタントの山元香里さんの優しき微笑みに案内されて、スタジオ入りをすると、テーブルの上には、付箋の付けられた何冊もの私の著作が堆《うずたか》く積み上げられており、その光景に、私は息を呑んだ。聞けばアシスタントの山元さんは、フリー・アナウンサーであるとともに、大学院生であるため、光栄にも研究のために、私の著作を丁寧に読まれたとのことである。しかも、驚いたことに山元さんは、埼玉大学教育学部附属中学校の卒業という私の後輩であり、同じさいたま市を故郷としていたのである。

この収録で私は肝を潰す思いをする。それはスタジオ入りをして初めて、この番組で自分の人生を語らなければならないことを、私が知ったからである。私は戸惑い、混乱した。私はあまりにも年を取り過ぎ、追憶を俄《にわか》に整理することなぞ、気の遠くなるような所業に思われたからである。

しかし、それは私の杞憂にすぎなかった。というのも、司会の蔦氏が、私自身よりも私の人生を知り尽くしているかのように、私の追憶を整理する道案内をして下さったからである。つまり、蔦氏の質問にただ答えるだけで、朧げな記憶しかない私でも、人生の追憶を整理して語ることができたのである。

収録から帰る車中で、田中氏が私に、「今日の話に興味を引かれましたので、自伝としてまとめてみませんか」と、真顔ではあるけれども優しく言葉をかけてくれた。私の経済学者らしからぬ人生に、興味を抱かれたからに違いない。私は自分の人生に自信なぞないけれども、これから生きていく人々の反面教師にでもなればと思い、田中氏の優しき誘いに甘えることにした。これが本書が誕生する経緯である。

収録からの帰りの車中では、私のほうからも田中氏に質問をした。それは司会の嶌氏が、どうしてあんなにも私の人生について熟知しているのかという質問である。私の質問に田中氏は即座に、嶌氏が『朝日新聞』で連載された「人生の贈りもの」を読んでいたからでしょう、と答えたのである。『朝日新聞』に記者のインタビューに応えながら、自分の人生を語る「人生の贈りもの」というコラムがある。この「人生の贈りもの」というコラムで私は、二〇一四(平成二六)年一二月八日から一二月一二日までの五回にわたって、『朝日新聞』の西前輝夫氏のインタビューを受けながら、自分の人生を回想している。この「人生の贈りもの」を読んでいただいていたのだとしても、その僅かな情報を手掛りに、私の追憶を見事な誘導で、体系的に引き出していただいたことに感心するばかりであった。

取材を通じて親しくなった西前氏から、私を「人生の贈りもの」で取り上げたいとの依頼を受け、私は当惑した。私は誇るべきことの何一つない、名も無き研究者にすぎないからである。忸怩たる思いを抱きながらも、西前氏の好意を受ける気になったのは、死期の迫っていることを自覚せざるをえない体験を積んでいたからである。

西前氏から依頼のあった時から、ほぼ一年半ほど前のことである。私は原因不明の高熱に侵され、内科医である私の弟の悟が、念のためにと行った腫瘍マーカーの検査で、異常値が記録されていた。既に癌は骨髄などへと転移し、手術すら不可能である可能性が高いと、私は告知されたのである。

そう告知されても、動揺することなく、現実を受け入れている自分の意外な精神的な強さに、私は驚いた。幼き頃から死の影に脅える自分の精神的弱さに、いつも私は失望していたからである。

私の心は自分のことよりも、妻のことで乱れた。妻は私のような者でも、ただ信じきって生きている。その妻に「絶望しないでほしい、大丈夫だから」と伝えるには、どうすればよいのかに思いを巡らせると、私の心は悲しみに眩《く》れたのである。

しかし、不思議なことには、仮に明日までの命だとしても、明日までは愛する人に、絶望させないで生き抜く責任を果さなければならないという使命感が湧いてきた。「共」に生きなければならないという使命感こそが、「生」への意欲を掻き立てるのである。

私の本格的な検査は、自治医科大学の附属病院で始まった。ところが、腫瘍マーカーの値は、一カ月が経過すると半減し、癌は存在すれども、局在している状態となった。さらに一カ月経つと、腫瘍マーカーの値はまた半減し、癌が存在している可能性もあるという状態にまでなった。しかも、ＭＲＩなどの検査をも受けたけれども、癌を見出すことができないまま、腫瘍マーカーの値は平常値に戻ってしまったのである。

ところが、次には大腸癌の疑いがあるとして、内視鏡検査を受けることになった。検査の結果はポリープ一つ見つからなかったけれども、アフタ(aphtha)があり、これが悪さをしていたのだということになる。とはいえ、特に治療を受ける必要もなく、経過を見るということで落ち着いたのである。

しかし、一年の半分ほども検査を繰り返しているうちに、私の眼は悪化し、眼の手術のために、二度の入院を余儀なくされた。その二度の入院の日程が決まった頃に、西前氏から「人生の贈りもの」への誘いの声が掛けられたのである。

病魔の疑いが次々に生じ、遂には入院生活を余儀なくされていくことは、死期が近づきつつあることを知らせてくれるシグナルだと、私は自覚した。追憶に耽ることができるのは、生きている証である。そう思いながら私は、二〇一四(平成二六)年の一一月下旬に三日間、西前氏からインタビューを受けたのである。

西前氏とのインタビューが終わると、私は眼の手術のために、東京大学医学部附属病院に一度目の入院をした。一度目の手術を終えて退院をした後、三週間ほど経って、二度目の手術のために入院をした。この二度目の手術を終え、二〇一四年一二月一八日の朝には、手術後に巻かれた眼帯が取れることになったのである。

冬の重い空からでも、差し込む朝の光は清々《すがすが》しい。手術後の痛みを癒すかのように、看護師がていねいに、眼帯を剝がしてくれる。手術後の眼でみる光景は、夢見るような世界であった。霞んでしか見えなかった光景が、明瞭に見えるようになったからである。

「どうですか」と妻が声をかけてくる。妻は心配そうに微笑みながら、私を覗き込む。私は愕然とした。霞んで見えていた手術前には、若く瑞瑞しいと思っていた妻の笑顔が、手術後の眼で見ると、艶を失い、若々しさが消えてしまっていたからである。

私は何をしてきたのだろう。妻は私にすべてを捧げ、年老いていた。これまで妻が私に尽したように、これからは私が生ある限り、妻のために生きなければならないと、私は覚悟した。「生」は「共」にするものだ。「共」にしない「生」など、「死」に等しい。

しかし、人生は悲しい。私が本書をまとめている過程で、西前氏が逝去されたことを、夫人からの喪中の知らせで知ることになる。西前氏は生きる最後の力を振り絞って、私のインタビューに取り組んでくれたのである。

私が恩義を返せないまま、西前氏は旅立たれてしまった。私は二〇一六（平成二八）年一月をもって、地方財政審議会の会長職を解かれた。それを機に私は、「生」を共にしてきた人への責任を果すことのみに生きることを決意したのである。

二〇一七（平成二九）年三月にＴＢＳラジオに出演して人生を振り返った後、私は四月から、日本社会事業大学の学長を務めることになった。それは日本社会事業大学の理事長であった潮谷義子前熊本県知事の切なる願いを断れなかったからである。私は潮谷理事長にあまりにも多くの恩義を受けすぎていた。潮谷理事長に失望を与えない生き方こそ、私の果すべき責任だと自覚したからである。

とはいえ、私には妻と「共」に生きる責任がある。私は妻に、学長就任について意見を求めた。妻は私に、「あなたの好きなようにして。私はあなたを支えたいだけですから」と応えるだけである。

日本社会事業大学は潮谷理事長の母校である。第二次大戦後の悲惨な社会状況を前にして、社会事業の指導的人材を養成する教育機関を創設せよというＧＨＱの指示にもとづいて設立され、厚生労働省の委託金によって運営されている。したがって、日本社会事業大学のミッションは、「悲しみ」を「幸せ」に変えることにあるといってよい。もちろん、「悲しみ」を「幸せ」に変えるためには、「悲しみ」を「分かち合う」ことが求められる。

私が潮谷理事長に与えられた責任は、「悲しみ」を「幸せ」に変えるという日本社会事業大学の使命を果すことにある。日本社会事業大学の理事長は、潮谷義子氏から、人権問題に取り組んできた名取はにわ氏に引き継がれたけれども、日本社会事業大学の使命に変わるところはない。

私の人生は「生」を共にした人々によって、生かされてきた人生だった。隠遁して妻と二人で大地に帰る日まで、自然に抱かれて晴耕雨読の生活をしながら、ささやかでも私の「生」を支えてくれた人々に恩義を返すことができればと願っていた。しかし、それは虫の良い話であった。というのも、私は返すことができないほどの多くを、優しき人々によって与えられてきたからである。

本書での回想で触れることはなかったけれども、私の「生」を支えてくれた人々を枚挙すれば暇がない。個人だけではなく、私は組織としての自治省、つまり現在の総務省に、多くを支えられてきた。それは私が東京大学の伝統的な財政学を継承したからだといってもよい。民主主義と地方分権を重視してきた東京大学の伝統的な財政学は、自治省の担う地方財政と密接な関係をもっている。私は佐藤進先生を引き継いで、総務省の地方財政審議会会長を務めたけれども、佐藤先生が死を覚悟して残された次の言葉を、私の言葉としても反復したい。


個人的なことを言えば、良き仲間と職場をともにすることができたこと、やり甲斐のある仕事をさせてもらったこと、その間次代を担う優れた自治官僚と知り合いになれたことが最大の収穫であった。地方自治の骨格を守りつつ、変化に対応しようとする彼らの姿勢には共感することが多かった。彼らは多分うまくやるであろうという安堵感をもって、私は時の流れに身をゆだねたく思う。

自治省さらには総務省に限らず、財務省、厚生労働省、環境省、内閣府などと、私は多くの組織に支えられて生きてきた。その恩義には報いなければならないのだけれども、その責任は果せそうにない。私に残された時は、あまりにわずかだからである。

終わろうとしている何の変哲もない私の人生の回想を、本書としてまとめ、岩波書店から出版できることに、私は望外の幸せを感じている。それは生涯をかけて継承しようとしてきた東京大学の伝統的な財政学さらには経済学は、岩波書店によって守り育てられてきたといってもいいすぎではないかからである。

真実を語る学問は、常に邪悪な権力によって弾圧される。戦時期に東京大学経済学部つまり当時の東京帝国大学経済学部は、激しい学問の弾圧を受ける。

本書でも触れたように、平和主義者だとして矢内原忠雄教授が、一九三七(昭和一二)年に東京帝国大学経済学部の講壇から追われる。講壇を追われた矢内原教授に救いの手を差し伸べたのは、岩波書店である。岩波書店の店主であった岩波茂雄は、職を失った矢内原忠雄に、スコットランド人クリスティーの自伝的回想記『奉天三十年』の翻訳をすすめる。それが翌一九三八(昭和一三)年一一月に創刊された岩波新書の第一冊目(上・下巻)となったのである。

このように大恩ある岩波書店から、回想記を出版できることは、私にとっては幸せではあるけれども、岩波書店とりわけ田中宏幸氏には迷惑をかけてしまい、忸怩たる思いである。というのも、一角の研究者であれば、還暦や古稀などの祝いとして、記念出版物や記念論文集やらが編纂され、そのたびごとに研究業績と経歴が整理されている。しかし、私のような凡人には何もない。

しかも、私は日記をしたためたり、人生の記録を残すことを一切しないことを信条としている。人間は意識の存在する一瞬にしか実存せず、想い出は自己の意識に刻むだけで充分だと認識していたからである。

そのため追憶を綴るといっても、その手掛りとなる研究業績一覧も、経歴書も何もない。というよりも、回想をまとめる材料は何もなく、私の意識に刻み込まれた想い出だけに頼るしかないという状態であった。

しかも、私は年を取るという生まれて初めての経験に戸惑っていた。自分でも信じられないほどに、物忘れと物覚えの衰えが酷くなっていたからである。当然のことながら、私の想い出に頼ることなぞ、見果てぬ夢物語だったのである。

そのため田中氏の苦労は、編集者の仕事の域を越えていた。私の想い出を呼び覚ます参考資料を見つけ出して送り届けるだけではなく、私の疎覚《うろおぼ》えの記憶を頼りに、事実を突き止める作業をする必要があったからである。

こうした田中氏の尽力と、私の秘書的な仕事を担ってくれている乾桃子さんの献身によって、私は本書をまとめることができた。光源を眼に入れることを避けている私は、今だに原稿は手書きである。読みにくい私の手書きの原稿は、乾さんがワープロに入力してくれる。振り返れば、乾さんの手によって私の業績のほとんどが出ている。しかも、今回は私の業績から経歴にいたるまで執筆の資料整理を、乾さんが引き受けてくれたのである。田中氏にも乾さんにも、心よりの謝辞を表したい。

身動きできないほどの病に侵されていても、感謝の気持さえあれば、他者を幸福にできるということが、「和顔愛語」の教えであるとすると、私は「生」を共にしてくれたすべての人に、ただただ深甚なる感謝を捧げたい。そう願いながら、私は本書を世に送り出すことにしたのである。

二〇一八年五月　今だに桜の花の咲き乱れる軽井沢にて

神野直彦

神野直彦
1946年埼玉県生まれ．東京大学経済学部卒業後，1981年東京大学大学院経済学研究科博士課程単位取得退学．東京大学名誉教授．財政学．著書に『システム改革の政治経済学』(岩波書店)，『「分かち合い」の経済学』(岩波新書)，『財政のしくみがわかる本』(岩波ジュニア新書)，『財政学』(有斐閣)，『地域再生の経済学』(中公新書)，『「人間国家」への改革――参加保障型の福祉社会をつくる』(NHKブックス)など．

経済学は悲しみを分かち合うために――私の原点

2018年 6月27日　第1刷発行
2022年12月15日　第6刷発行

著　者　神野直彦《じんのなおひこ》

発行者　坂本政謙

発行所　株式会社 岩波書店
〒101-8002 東京都千代田区一ツ橋2-5-5
電話案内 03-5210-4000
https://www.iwanami.co.jp/

印刷・理想社　カバー・半七印刷　製本・松岳社

ISBN 978-4-00-061277-7　　Printed in Japan